Stephan Elbern

SCHWERT UND GEIST
Bedeutende Heerführer des Altertums

Meinem Onkel Franz Schager (gefallen am 15.12.1941 vor Kiew),
dem Schwiegergroßvater Leo Bark (gefallen am 22.04.1944 an der Ostfront)
und ihren tapferen Kameraden

Stephan Elbern

SCHWERT UND GEIST

Bedeutende Heerführer des Altertums

Bibliografische Information der Deutschen Nationalbibliothek
Die Deutsche Nationalbibliothek verzeichnet diese Publikation in der Deutschen Nationalbibliografie; detaillierte bibliografische Daten sind im Internet über <*http://dnb.d-nb.de*> abrufbar.

ISBN: 978-3-8053-4522-4

Lektorat: Stephanie Brecht, München
Gestaltung: Vollnhals Fotosatz, Neustadt a. d. Donau
Umschlaggestaltung: Katja Holst, Frankfurt am Main
Umschlagabbildung: Ramses II. (1297-13 v. Chr.) in der Schlacht von Kadesch, im Angesicht der Armee Muwattallis, König der Hethiter, Wandgemälde aus dem Tempel von Ramses II., Abu Simbel (Farblithografie), Bigant und Allais (19. Jhd.)/Private Sammlung/The Stapleton Collection/The Bridgeman Art Library; Plan der Schlacht bei Issos aus „Atlas of Ancient and Classical Geography", 1928 veröffentlicht (Lithografie), English School (20. Jhd.)/Private Sammlung/Ken Welsh/The Bridgeman Art Library
Druck: CPI books GmbH, Ulm

Printed on fade resistant and archival quality paper (PH 7 neutral) · tcf

Weitere Publikationen aus unserem Programm finden Sie unter: *www.zabern.de*

Lizenzausgabe für die WBG (Wissenschaftliche Buchgesellschaft), Darmstadt
ISBN: 978-3-534-25575-7

Umschlaggestaltung: Peter Lohse, Heppenheim
Umschlagabbildung: Die Schlacht bei Issos zwischen Alexander dem Großen und Darius III. 333 v. Chr. – Alexanderschlacht
Bild: © bpk / Alfredo Dagli Orti

www.wbg-wissenverbindet.de

Elektronisch sind folgende Ausgaben erhältlich:
eBook (PDF): 978-3-8053-4561-3 (Buchhandel)
eBook (epub): 978-3-8053-4562-0 (Buchhandel)
eBook (PDF): 978-3-534-73522-8 (für Mitglieder der WBG)
eBook (epub): 978-3-534-73523-5 (für Mitglieder der WBG)

Vorwort

Zweifellos erschließen sich historische Themen am leichtesten durch die Beschäftigung mit bedeutenden geschichtlichen Persönlichkeiten; daher erfreuen sich selbst in einer Zeit abnehmender Lesefreude Biographien gleichbleibender Beliebtheit. Umso sinnvoller erscheint daher dieser Ansatz in einem Bereich, der heutigem Empfinden eher fernsteht – der antiken Militärgeschichte. Natürlich kennt man noch Alexander d. Gr., Hannibal und Caesar; aber viele bedeutende Heerführer des Altertums sind inzwischen weitgehend in Vergessenheit geraten – auch historische Gestalten, die noch unseren Großeltern aus dem Schulunterricht sowie eigener Lektüre wohlvertraut waren wie Kimon und Miltiades, Marius und Sulla. Dieses verschüttete Bildungsgut will das vorliegende Büchlein wiedererwecken – und damit die antike Kriegsgeschichte als einen höchst bedeutsamen, zudem faszinierenden Aspekt der Alten Welt.

Der Verlag Philipp von Zabern hat den Band in gewohnter Qualität gestaltet; dafür sei ihm an dieser Stelle gedankt, ebenso Herrn Dr. Jürgen Kron und Frau Constanze Holler für die erprobte gute Zusammenarbeit. Herzlicher Dank gilt auch den stets hilfsbereiten Kollegen und Bibliothekaren an den Instituten der Freien Universität Berlin sowie der Staatsbibliothek zu Berlin, ferner der Urania Berlin für die Gastfreundschaft bei den Studienaufenthalten in der Stadt, ebenso meiner Frau, die das Projekt mit stetem Interesse begleitet und durch wertvolle Hinweise gefördert hat.

Bad Frankenhausen, März 2012 — Stephan Elbern

Einleitung

„Welche militärischen Leistungen bewundern Sie am meisten?" „Keine!" pflegt die bundesrepublikanische Prominenz bei der Bearbeitung des klassischen Fragekanons aus dem 19. Jh. entschieden zu antworten. Besonders regimetreue Zeitgenossen kennen sogar eine politisch noch opportun(istisch)ere Erwiderung: „Die friedliche Aufbauarbeit der Bundeswehr in Afghanistan!" („Kollateralschäden" an der einheimischen Bevölkerung werden dabei großzügig übersehen).
Diese grundsätzliche Ablehnung des Militärischen ist freilich nur in Deutschland zu finden; noch heute verehrt die Grande Nation ihren Napoleon, Großbritannien den Seehelden Horatio Nelson. In den USA verherrlicht eine gewaltige Filmindustrie die Ausrottung nahezu aller Ureinwohner (und Wildtiere!) eines ganzen Kontinents; von anderen Weltgegenden ganz zu schweigen, wo kriegerische Konflikte bis in unsere Zeit allgegenwärtig sind.
Auch in Deutschland bewunderte man einst Soldatentum und Feldherrnkunst – beim militärischen Gegner ebenso wie auf der eigenen Seite. Aber nach dem furchtbaren Blutzoll des 2. Weltkrieges, dem totalen Zusammenbruch nicht nur von Reich und Wehrmacht, sondern nahezu aller bisher gültiger Werte, zudem infolge der „Umerziehung" durch die Siegermächte ist diese Haltung einem moralisierenden Pazifismus gewichen, der die gesamte Weltgeschichte aus „moderner" Sicht be- (oder besser: ver-) urteilt. Dieser paart sich mit einem geradezu ideologisch geprägten Hass auf den als „Feind des Friedens" ausgemachten Kontrahenten in heutigen Kriegen und Konflikten, der einem Soldaten vergangener Jahrhunderte völlig fremd war - denn diesem galt der Gegner als gleichrangig! Man denke etwa an das von gegenseitiger Achtung getragene militärische Zeremoniell bei Verhandlungen und Kapitulationen (noch in den ersten Jahren des 2. Weltkrieges!) oder die ehrenvolle Behandlung gefangener Offiziere. Der Respekt vor dem tapferen Feind ist erst in unserer Zeit verlorengegangen, die besiegte Politiker und Militärs als „Kriegsverbrecher" dem Henker überliefert (wie jüngst im Irak). Und das Ziel der Kampfhandlungen ist heute nicht mehr die Wiederherstellung des Friedenszustandes mit dem ehemaligen Rivalen, sondern seine Ver-

nichtung; die Kunst der Aussöhnung mit dem Besiegten ist gleichfalls in Vergessenheit geraten.
Die ungeheure Zerstörungskraft des modernen Krieges hat zudem dessen einstige Definition als „Vater aller Dinge“ (Heraklit) aufgehoben. Heute erscheint es uns unvorstellbar, von militärischen Konflikten ein positives Ergebnis zu erwarten oder auch nur für möglich zu halten. In früheren Epochen konnte hingegen deren Ertrag größer sein als die Kosten und Verluste (zumindest in den Augen eines siegreichen Herrschers, der das Leiden und Sterben nicht selbst miterlebte). Aber auch aus historischer Distanz können kriegerische Auseinandersetzungen durch ihre Folgen und Nachwirkungen mitunter als segensreich gelten: Der Siegeszug Alexanders d. Gr. durch Asien brachte eben nicht nur Tod und Verwüstung über die besiegten Völker; er ermöglichte auch die Verschmelzung von Orient und Okzident in der Weltkultur des Hellenismus. Die römischen Eroberungen mit ihren blutigen Massakern, der Versklavung von Hunderttausenden, der Ausplünderung von Städten und Landschaften waren verheerend für die betroffenen Länder; aber im Zeitalter der Pax Augusta erlebten die einst gewaltsam unterworfenen Länder eine einzigartige wirtschaftliche und kulturelle Blüte. Die Sachsenkriege Karls d. Gr. waren von äußerster Brutalität geprägt – aber erst die Einbeziehung des letzten germanischen Stammes in das Frankenreich ermöglichte die spätere Entstehung eines gesamtdeutschen Staatswesens; und bereits 100 Jahre nach der Unterwerfung ihres Landes waren die sächsischen Herzöge die mächtigsten Fürsten in Deutschland und begründeten das Heilige Römische Reich (Deutscher Nation). Diese Aspekte angemessen zu würdigen, verbietet sich freilich bei einseitig „friedensbewegter“ Betrachtung der Vergangenheit.
In den letzten Jahren scheint jedoch das allgemeine Interesse an militärgeschichtlichen Fragestellungen wieder zu wachsen, vielleicht aufgrund der zunehmenden Historisierung des katastrophenreichen 20. Jhs. Daher will das vorliegende Buch zunächst die bedeutenden Feldherrngestalten der Antike wiederaufleben lassen; eine Fortführung in spätere Epochen ist denkbar. Ohne ideologisch-pazifistische Brille soll es – dem Wort Leopold von Rankes verpflichtet – lediglich zeigen, wie es eigentlich gewesen ist, und damit einen lange vernachlässigten Bereich der Geschichte wieder in das Bewusstsein zu-

rückrufen: die Kunst, Krieg zu führen, als eine „Fortsetzung der Politik mit anderen Mitteln“ (Carl von Clausewitz).
Bei der Auswahl war eine gewisse Subjektivität nicht zu vermeiden; doch dürfte in den meisten Fällen unumstritten sein, wer zu den bedeutendsten Heerführern des Altertums zählt. Allgemeingültige Kriterien waren naturgemäß ihre militärischen Erfolge sowie deren historische Nachwirkungen, ferner wichtige Neuerungen und Reformen. Mancher Kriegsheld steht beispielhaft für eine ganze Epoche (etwa Seleukos für die Diadochenkriege). Hinzu kommen die spannungsreichen „Geschichten aus der Geschichte“ – etwa des Agathokles, der das erste europäische Heer nach Afrika führte, oder gar einer „Kriegsherrin“. Die grundlegende Entscheidung, eine größere Zahl von Feldherrngestalten zu berücksichtigen, erforderte zwar eine Beschränkung auf kürzere Texte, erweiterte aber die Vielfalt an Völkern und Persönlichkeiten[1], zudem an höchst unterschiedlichen „Typen“ von Heerführern: Meister der Strategie und Taktik wie Caesar und Hannibal finden sich ebenso wie die Heldengestalt des Leonidas. Damit entspricht die Auswahl der griechischen Mythologie, die bekanntlich zwei Gottheiten des Krieges nennt: Den blutigen Würger Ares und die kluge Schlachtenlenkerin Pallas Athene. Unter ihrer Ägide soll ein Kaleidoskop der antiken Militärgeschichte entstehen – vom Alten Orient bis zum Ende des Weströmischen Reiches, vom heutigen Portugal bis nach Mesopotamien, von Ramses bis Ricimer.

Alter Orient

Gipfel der Grausamkeit:
Assurnasirpal II. (883–859 v. Chr.)

Durch seine siegreichen Feldzüge schuf er das Neuassyrische Reich, das bis dahin mächtigste Staatswesen im Vorderen Orient.

Zu den kriegerischsten (und grausamsten) Völkern der Geschichte zählen die semitischen Assyrer, die im Norden Mesopotamiens siedelten. Zunächst unter der Oberhoheit des babylonischen Königs Hammurabi, später der Mitanni (→Thutmosis III.), begründeten sie im 14. Jh. v. Chr. ein eigenes Großreich, das jedoch nach etwa 300 Jahren zerfiel; Assyrien wurde auf ein kleines Kerngebiet am oberen Lauf des Tigris zurückgedrängt. Sein erneuter Aufstieg zur dominierenden Militärmacht des Nahen Ostens erfolgte unter Assurnasirpal II., in dem sich militärische und politische Fähigkeiten verbanden, zudem Tatkraft und gnadenlose Härte. Bereits zu Beginn der Regierung widmete er sich energisch der Sicherung und Ausweitung seiner Macht im nördlichen Mesopotamien. Als Basis für weitere Feldzüge entstanden mächtige Festungen; das Heer wurde durch einen gewaltigen Belagerungspark verstärkt. Danach stieß der König bis zum Libanon und an das Mittelmeer vor (877); seine Herrschaft erstreckte sich zuletzt bis nach Armenien, zum Urmia-See sowie dem Kleinen Zab.
Ungeheure Beute und zahlreiche Kriegsgefangene brachten dem Reich eine wirtschaftliche und kulturelle Blüte; die alten Residenzen Assur und Ninive wurden ausgebaut, in Nimrud wuchs eine neue Hauptstadt empor. Die Reliefplatten des dortigen Palastes mit Darstellungen des Herrschers bei der Jagd und im Krieg sollten Vasallenfürsten und Abgesandten fremder Staaten dessen Macht eindringlich vor Augen führen.[2] Eine ähnliche „psychologische" Wirkung hatten auch die ungeheuerlichen Grausamkeiten (s. u.) der Assyrer: Bereits die Berichte über ihre blutigen Gräueltaten schüchterten künftige Gegner und Untertanen ein und förderten dadurch die Ausweitung und Festigung der königlichen Macht auch ohne den Einsatz von militärischen Mitteln.

„Ich…ließ allen Anführern die Haut abziehen…einige mauerte ich in der Säule ein, andere ließ ich darauf pfählen…vielen wurden die Augen ausgebohrt…ihre jungen Männer und Mädchen ließ ich verbrennen" (nach S. N. Kramer).

Lit.: W. Mayer, Politik und Kriegskunst der Assyrer, Münster 1995
S. Yamada, The Construction of the Assyrian Empire, Leiden 2000

Meister der Selbstdarstellung:

Ramses II. (1304–1238 v. Chr.)

Obwohl ihm größere militärische Erfolge versagt blieben, begründete er durch meisterhafte Propaganda in Kunst und Literatur den Mythos der Schlacht bei Kadesch.

Auf die Frage nach dem bedeutendsten Heerführer der ägyptischen Geschichte, ja des gesamten Alten Orients, würde wohl die häufigste Antwort „Ramses II." lauten; denn an zahlreichen wohlbekannten Monumenten des Nillandes erscheint dieser als der unüberwindliche Held der Schlacht bei Kadesch. Schon bald nach dem Regierungsantritt beschloss der junge König, die einstige Macht Ägyptens (→Thutmosis III.) zu erneuern und die an das rivalisierende Großreich der indogermanischen Hethiter verlorenen Gebiete in Syrien zurückzugewinnen; mit diesem Vorhaben war freilich bereits sein Vater Sethos I. gescheitert. Mit vier Armeekorps – nach den wichtigsten Gottheiten benannt – stieß Ramses gegen die mächtige Festung Kadesch vor, das strategisch hochbedeutende Einfallstor nach Syrien. Hier sollte die Entscheidung über das Schicksal Vorderasiens fallen – in der ersten Schlacht der Geschichte (1299 v. Chr.), deren Ablauf detailliert überliefert ist.
Vom Pharao selbst befehligt, marschierte das Korps Amon als Vorhut gegen die Stadt, aufgrund von mangelhafter Aufklärung ohne jede Kenntnis von der bedrohlichen Nähe der hethitischen Armee unter ihrem König Muwatalli.

Dieser griff überraschend die zweite Abteilung (Rê) an und schlug sie in die Flucht; die zurückflutenden Ägypter rissen auch das Korps Amon mit sich. Ramses gelang es jedoch, unter großem persönlichen Einsatz, den Ring der feindlichen Truppen zu durchbrechen. Gerettet wurde er durch das Versagen der Gegner, die das ägyptische Lager plünderten, statt ihren Sieg durch entschlossenes Nachstoßen zu vollenden, sowie das plötzliche Eintreffen einer Elite-Einheit, das die Lage bis zur Ankunft des dritten Korps Ptah stabilisierte (das vierte griff nicht mehr in die Kämpfe ein). Die Truppen des Pharao behaupteten offenbar das Schlachtfeld, hatten aber weitaus höhere Verluste erlitten; das Ziel des Feldzuges war nicht mehr zu erreichen. Daher kehrte Ramses in die Heimat zurück und hat nie mehr gegen die Hethiter gekämpft. Durch die eigene Unvorsichtigkeit – an der auch der Generalstab erhebliche Mitschuld trug – hatte er die Armee beinahe in eine Katastrophe geführt, immerhin durch persönliche Tapferkeit ihre Vernichtung verhindert. Infolge der Schlacht fielen die vorderasiatischen Vasallen ab und mußten in den nächsten Jahren erneut unterworfen werden. Nach etwa fünfzehnjährigem Krieg kam es schließlich zu einem dauerhaften Frieden mit dem Nachfolger Muwatallis.

In den folgenden Jahrzehnten widmete sich Ramses dem inneren Aufbau des Reiches; seine Herrschaft wurde zu einer einzigartigen Blütezeit von Kunst und Literatur. Unter den bildlichen Darstellungen dieser Epoche dominiert die Verherrlichung des „Sieges" von Kadesch, den auch ein zeitgenössisches „Epos" preist. Außer Sedan und Austerlitz wurde wohl keine Schlacht zu einem vergleichbaren Staatsmythos, der unser Bild des Pharao bis heute prägt.

„Ich bezwang alle Fremdländer, ich allein, als mich meine Truppen und Wagen verlassen hatten und nicht einer sich umwandte und stehenblieb" (nach H. Klengel).

Lit.: M. C. Guidotti, La battaglia di Qadesh, Livorno 2002
W. MacQuitty, Ramesses the Great. Master of the World, London 1978

Statue Ramses' II., Karnak

Das erste Imperium:

Sargon von Akkade (um 2350–2295 v. Chr.)

Aus dem Nichts aufgestiegen, errichtete er durch seine militärischen Erfolge in Mesopotamien das erste Großreich der Geschichte.

Als „Mundschenk" am Hof zu Kisch wird ein Mann von semitischer Abstammung, aber unbekannten Namens, erstmals erwähnt (später ließ er die eigene Herkunft legendär verklären und nannte sich Scharukkin – „Echter König", meist in der Form Sargon verwendet). Wahrscheinlich stürzte er seinen Gebieter und stieg zum Herrscher über Nordbabylonien auf; Akkade[3] wurde zur Residenz erhoben. Dann warf er in drei Feldzügen – der Überlieferung nach mit 34 Schlachten! – den sumerischen Priesterkönig Lugalzagesi von Uruk nieder; der besiegte Gegner wurde vor dem Tempel von Nippur in der Nackengabel eines Sklaven zur Schau gestellt. Damit fiel auch das südliche Babylonien dem Sieger zu; seine militärischen Erfolge verdankte er den leichtbewaffneten Bognern und Speerschützen, die er wirksam gegen die gepanzerten Sumerer und ihre schwerfälligen Streitwagen einsetzte. In den unterworfenen Gebieten beließ er meist die früheren Fürsten sowie die überkommenen Strukturen; Garnisonen und Verwaltungsbeamte des Königs sicherten die Loyalität der Besiegten. Kultur und Religion von Sumerern und Akkadern verschmolzen, eine Blüte der bildenden Kunst begann, historische Aufzeichnungen berichteten von den Ruhmestaten des Herrschers. Dieser weitete seine Macht im Westen bis nach Syrien und Kleinasien aus, nach dem Sieg über Elam und Warachschi (am oberen Karcheh) im Osten bis zum iranischen Hochland. Sein Imperium erstreckte sich vom Mittelmeer bis an den Persischen Golf – das erste Großreich der Geschichte war entstanden (auch wenn es stets fragil blieb, wie zahlreiche Aufstände bezeugen). Der Verlauf der kriegerischen Auseinandersetzungen ist zwar nicht überliefert, doch können Sargons militärische Fähigkeiten nicht bezweifelt werden. Als er nach 56jähriger Herrschaft starb, überdauerte ihn das Reich noch um mehr als ein Jahrhundert; kultische Verehrung genoß der König bis zur Eroberung Babylons durch →Kyros

(539 v. Chr.). Mit seinem Namen wurde früher der herrliche Porträtkopf aus Kupfer bezeichnet, der 1931 in Ninive ausgegraben wurde. Auch wenn das ausdrucksstarke Werk inzwischen später datiert wird – es erscheint dennoch als würdiges Abbild einer der ersten großen Feldherrenpersönlichkeiten der Geschichte.

„Sargon, der keinen Ebenbürtigen hatte...der Herr über die gesamte Welt“ (nach H. Hirsch).

Lit.: D. R. Frayne – A. K. Grayson – R. F. G. Sweet, The Royal Inscriptions of Mesopotamia. Early Periods II, Toronto 1993
M. Liverani (Hrsg.), Akkad, the First World Empire, Padua 1993

Ein Leben für den Krieg:

Thutmosis III. (1502/1481–1448 v. Chr.)

Der bedeutendste Heerführer der ägyptischen Geschichte führte das Neue Reich auf den Gipfel seiner Macht.

Unter der Herrschaft des weiblichen Pharao Hatschepsut hatte das Nilland ein Zeitalter von Frieden und Wohlstand erlebt. Darunter litt jedoch ihr ehrgeiziger Neffe und Stiefsohn Thutmosis; formell Mitregent der Königin, war er tatsächlich von den politischen Entscheidungen ausgeschlossen. Erst nach ihrem Ende (das im Dunkel der Geschichte liegt) konnte er die expansive Politik wiederaufnehmen, die seinen Großvater Thutmosis I. bis an den Euphrat geführt hatte. Allerdings war die ägyptische Herrschaft in Syrien inzwischen zusammengebrochen; die dortigen Vasallenstaaten hatten sich unter der Führung des Fürsten von Kadesch zu einer Allianz verbunden und wurden von ihrem Oberherrn, dem König des churritischen Mitannireiches, in der feindlichen Haltung gegen den Pharao unterstützt. Vermutlich musste Thutmosis die Armee nach den langen Friedensjahren erst reorganisieren,

Obelisk Thutmosis' III. im Hippodrom von Konstantinopel

bevor er im Frühjahr 1479 v. Chr. gegen Palästina und Syrien aufbrach. Die Feinde hatten das stark befestigte Megiddo besetzt, das aufgrund seiner Schlüsselstellung in der Ebene Jesreel auf dem Weg vom Nilland zum Euphrat bis zum 1. Weltkrieg strategische Bedeutung besitzen sollte. Gegen den Rat der Generäle entschloss sich der Pharao zum Vorstoß auf die Stadt durch einen Engpass im Karmelgebirge; zur Ermutigung der Soldaten marschierte er selbst in der Hitze des syrischen Sommers an der Spitze der Kolonne. Seine Ankunft vor Megiddo – das unmittelbar am Ausgang der Enge lag – überraschte den Gegner. Am nächsten Tag errang Thutmosis einen glänzenden Sieg, die völlige Vernichtung der Feinde wurde lediglich durch die mangelhafte Disziplin der ägyptischen Truppen verhindert, die das eroberte Lager plünderten, statt die Geschlagenen energisch zu verfolgen. Diese verschanzten sich in der Stadt, wurden aber durch Hunger zur Übergabe gezwungen; ungeheure Beute fiel in die Hand der Sieger.

Der Pharao zog zunächst weiter nach Norden, widmete sich dann aber dem Wiederaufbau der ägyptischen Herrschaft in den unterworfenen Gebieten. In den folgenden Jahren eroberte er systematisch die Küstenstädte. Diese dienten als Basis für den entscheidenden Angriff auf Kadesch; nach mehrmonatiger Belagerung wurde die Festung erobert. Dann stieß der König in das nördliche Syrien und nach einem Sieg über die Mitanni bei Aleppo sogar bis zum Euphrat vor. Als er den Strom bei Karkemisch überquerte, hatte er endgültig die Taten des Großvaters übertroffen. Allerdings stellten sich die Churriter nicht zur Entscheidungsschlacht; angesichts ihrer schwergepanzerten Streitwagenkämpfer, der gefürchteten „mariyannu", wäre der Ausgang wohl zweifelhaft gewesen.[4] Auf dem letzten seiner insgesamt siebzehn Feldzüge warf Thutmosis erneut Aufstände in Syrien nieder; noch im Alter von etwa 70 Jahren führte er selbst das Kommando.

Die Erfolge des Königs – der das Reich zugleich nach Westen und in den goldreichen Süden ausdehnte – brachten ungeheure Beute, zudem die Tribute der Unterworfenen sowie reiche Geschenke fremder Herrscher – von Babylon und Zypern, Assyrern und Hethitern. Sie ermöglichten die Errichtung zahlreicher Tempel, deren Inschriften und Reliefs von den Siegen des Pharao kündeten. Einer der Obelisken wurde im 4. Jh. n. Chr. in das Hippodrom von Konstantinopel verbracht; seine Aufschrift gemahnt an den Feldzug des Königs gegen die Mitanni.

„Ich (Amun) habe dir verliehen, die Bewohner Asiens niederzuwerfen... die Länder von Mitanni zittern vor dir“ (nach H. Ranke – Heidelberg).

Lit.: E. H. Cline, Thutmose III. A new Biography, Ann Arbor 2006
D. B. Redford, The Wars in Syria and Palestine of Thutmose III, Leiden 2003

Ein stehendes Heer:

Tiglatpilesar III. (745–727 v. Chr.)

Durch die kriegerischen Erfolge und militärischen Neuerungen des Königs erreichte Assyrien den Höhepunkt seiner Geschichte.

In einer Zeit von Bürgerkriegen und äußerer Bedrohung zur Herrschaft gelangt, vermochte er schon bald die königliche Stellung zu festigen und die Grenzen des Reiches zu sichern. Gegen dessen erneut aufstrebende Macht formierte sich ein Bündnis zwischen dem Staat von Urartu (in Armenien) und einer Allianz von syrischen Fürsten. Als Tiglatpilesar gegen diese zu Felde zog, fiel ihm der urartäische König in die Flanke, erlitt aber am Euphrat eine schwere Niederlage (743 v. Chr.). Nach dreijähriger Belagerung wurde Arpad (nördlich von Aleppo) durch die Assyrer erobert, zahlreiche Fürsten des Landes unterwarfen sich ihrer Herrschaft, die bald bis Tyros und Hama reichte.
Der Feldzug eines Statthalters in das iranische Hochland bis in das Gebiet des heutigen Teheran diente der Vorbereitung für einen Angriff auf Urartu. Die Belagerung der Hauptstadt Turuschpa (am Wan-See) scheiterte zwar, doch wurde die Grenze erfolgreich gesichert (735). Inzwischen verweigerten mehrere syrische Vasallenstaaten den fälligen Tribut; daher drang der König im folgenden Jahr bis Gaza vor und errichtete dort ein Siegesmonument. Sein Zorn traf ebenso das treulose Israel; nach zweijähriger Belagerung fiel auch Damaskus.
Gleichzeitig erschütterten innere Wirren das benachbarte Babylon; dort usurpierte ein chaldäischer Stammeshäuptling die Herrschaft. Tiglatpilesar eroberte das Gebiet, machte es aber nicht zur Provinz. In hoher Achtung vor der ehrwürdigen Metropole beließ er dem Land die Unabhängigkeit und

regierte es fortan in Personalunion; dafür nahm er hier sogar einen eigenen Namen an (Pulu).
Aber der bedeutendste Herrscher der assyrischen Geschichte führte das Reich nicht nur auf den Höhepunkt seiner äußeren Macht; er festigte es zugleich durch eine verstärkte Überwachung von Provinzgouverneuren und Vasallenfürsten, zudem durch die Errichtung von Festungen und Militärsiedlungen. Die unterworfenen Völker verloren durch massenhafte systematische Deportationen ihren ethnischen Zusammenhalt (allein aus dem iranischen Bergland wurden 65.000 Menschen weggeführt). Bahnbrechend war der Aufbau eines stehenden Heeres; nun wurden langwierige Belagerungen sowie die dauerhafte Stationierung von Garnisonen möglich. Damit hatte der König für seine Nachfolger den Weg bereitet; in den folgenden Jahrzehnten sollten sie die assyrische Herrschaft bis an die Grenzen des Alten Orients ausweiten.

„Als Stratege war er unter den assyrischen Königen einer der größten"
(W. Mayer).

Lit.: W. Mayer, Politik und Kriegskunst der Assyrer, Münster 1995

Klassisches Altertum

Der „letzte Römer“:

Fl. Aetius (um 390–454 n. Chr.)

Jahrzehntelang der eigentliche Regent des Westreiches, wehrte er auf den Katalaunischen Feldern den Angriff der Hunnen auf das Abendland ab.

Seit der Katastrophe von Adrianopel (→Fritigern) taumelte das Römische Reich dem Untergang entgegen, auf das Wohlverhalten seiner „barbarischen“ Bundesgenossen angewiesen. Zugleich verlagerten sich die inneren Machtkämpfe: Nachdem das Scheitern nahezu aller Usurpationen die überragende Bedeutung der dynastischen Idee erwiesen hatte, erstrebten ehrgeizige Politiker und Militärs nicht mehr den Kaiserpurpur, sondern die faktische Machtstellung (eher über als) unter dem – oftmals noch jugendlichen oder gar kindlichen – nominellen Herrscher. Die dominierende Persönlichkeit dieser Epoche war Flavius Aetius.
Der Sohn des Heermeisters Gaudentius wurde bereits im Knabenalter zum Werkzeug der römischen Außenpolitik und bürgte als Geisel[5] drei Jahre für den Vertrag mit →Alarich (405/8 n. Chr.), danach für das Bündnis mit den Hunnen; die dabei geknüpften Verbindungen mit dem Adel des Steppenvolkes sollten sich später als unschätzbarer Vorteil erweisen: Zum Hofbeamten des Usurpators Johannes aufgestiegen, warb Aetius für den Krieg gegen das legitime Herrscherhaus hunnische Söldner an. Bei ihrer Ankunft in Italien war der Feldzug bereits entschieden, doch erlangte er für die Rückführung der Steppenkrieger Straflosigkeit sowie die Ernennung zum Heermeister in Gallien (425). Damals „herrschte“ der sechsjährige Valentinian III. unter der Regentschaft seiner Mutter Galla Placidia; die führenden Militärs rangen um den beherrschenden Einfluss bei Hofe. Schließlich setzte sich mit hunnischer Hilfe Aetius durch, freilich erst nach einem Bürgerkrieg gegen seinen Rivalen Bonifatius. In den folgenden Jahren sicherten die Siege des Heermeisters die römische Herrschaft in Gallien; die Vernichtung des Burgunderreiches um Worms – erneut mit der Unterstützung von hunnischen Söldnern – lebt im Nibelungenlied fort (der Name „Etzel“ könnte auch auf Aetius zurückgehen statt auf Attila). Dagegen konnte der Feldherr

den Verlust Britanniens an die Angeln und Sachsen sowie die Eroberung der letzten Stützpunkte in Nordafrika durch die Vandalen nicht verhindern. Allmählich verschlechterten sich die Beziehungen zu den Hunnen; der Großangriff →Attilas bedeutete eine tödliche Gefahr für das Abendland. Rettung brachte ein Bündnis mit den Westgoten; auf den Katalaunischen Feldern gelang dieser Allianz – verstärkt durch Franken und Burgunder – ein blutiger Sieg über die Steppenkrieger; auch der Gotenkönig lag unter den ungezählten Gefallenen (451). Allerdings scheint Aetius die feindlichen Verluste überschätzt zu haben; bereits im nächsten Jahr fiel Attila in Italien ein; sein Rückzug war nicht das Verdienst des römischen Feldherrn. Der Tod des gefürchteten Gegners (453) und der Zerfall des Hunnenreiches befreiten Rom schon bald von der Bedrohung aus dem Osten; nun schien der siegreiche Heerführer entbehrlich. Dass er den Einfluss der eigenen Familie durch die Verlobung seines Sohnes mit einer Tochter Valentinians auf Dauer sichern wollte, besiegelte das Schicksal des Reichsfeldherrn; bei einer Audienz auf dem Palatin wurde er vom Kaiser eigenhändig getötet. Im folgenden Jahr rächten die Leibwachen des Ermordeten ihren Herrn; die Agonie des Weströmischen Reiches hatte begonnen.

„Ihr habt Euch mit der linken Hand selbst die rechte abgeschlagen“ (ein Höfling zum Kaiser über die Ermordung des Feldherrn, Joh. Ant. frg. 200,1).

Lit.: G. Lizerand, Aetius, Paris 1910
Th. Mommsen, Aetius (Ges. Schr. 4, 1906, 531-560)
G. Zecchini, Aezio e la difesa dell'Occidente romano, Rom 1983

Ein Griechenheer in Afrika:

Agathokles (um 360–289 v. Chr.)

Grausam und hochbefähigt, zählte er zu den bedeutendsten Herrschern seiner Zeit; in höchster Not führte er das erste europäische Heer nach Afrika.

Die glanzvollen Siege des korinthischen Feldherrn Timoleon hatten das griechische Sizilien von den Tyrannen sowie der karthagischen Bedrohung befreit. Sein Rückzug in das Privatleben ermöglichte den Oligarchen von Syrakus, ihre Macht zu mehren. Wegen seiner überragenden militärischen Begabung verdächtig, wurde der junge Offizier Agathokles ins Exil getrieben und kämpfte als Condottiere in Unteritalien, bevor er in die Vaterstadt zurückkehren konnte. Zugleich ein geschickter Demagoge, nutzte er die dortigen inneren Wirren sowie die wachsende Karthagergefahr zur Machtergreifung (316 v. Chr.). Gestützt auf das einfache Volk und die eigenen Söldner, ging er anfangs mit äußerster Härte gegen innenpolitische Gegner vor. Als er versuchte, seine Herrschaft auf die anderen Griechenstädte der Insel auszudehnen, riefen diese zunächst einen spartanischen Königssohn zu Hilfe; er führte sich jedoch wie ein persischer Großkönig auf und wurde daher bald vertrieben. Schließlich suchte man sogar bei den Karthagern Unterstützung – dem Erbfeind der westlichen Hellenen! Agathokles wurde am Himeras geschlagen und in Syrakus belagert. In dieser Situation fasste er einen tollkühnen Entschluss: Er setzte mit einem Heer nach Afrika über (310) und verbrannte dort seine Schiffe – erstmals standen europäische Truppen auf dem schwarzen Kontinent (bis in unsere Zeit sollten viele weitere folgen!). Nach einer siegreichen Schlacht bedrohte er Karthago selbst; dort versuchte man verzweifelt durch zahlreiche Menschenopfer die Gunst der Götter zurückzugewinnen; 500 Kinder wurden dem „Moloch" (tatsächlich dem Baal Hammon) dargebracht. Durch Verrat beseitigte Agathokles den ptolemäischen Statthalter von Kyrene und verstärkte die eigene Streitmacht durch dessen Soldaten. Da jedoch entscheidende Erfolge ausblieben, ließ er seine (freilich stets meuterischen) Truppen im Stich und kehrte nach Sizilien zurück, wo der Krieg inzwischen stagnierte. Aufgrund der allseitigen Erschöpfung kam es 306 zum Frieden, der den Status quo bestätigte; Syrakus konnte erneut alle Griechenstädte der Insel (außer Akragas) seiner Herrschaft unterwerfen. Dem Beispiel der Diadochen folgend, nahm Agathokles zwei Jahre später den Königstitel an, ohne freilich jemals ein Zeichen der neuen Würde zu tragen. Den zeitgenössischen Herrschern galt er als gleichrangig, wie dynastische Heiratsverbindungen mit →Pyrrhos von Epeiros sowie den Ptolemäern bezeugen.

In den späteren Jahren weitete er seinen Einfluss auf das südliche Italien aus; vermutlich erstrebte er als endgültiges Ziel ein Großreich nach dem Vorbild →Alexanders, das alle westlichen Griechen umfassen sollte. Dieser Absicht dienten wohl auch die Rüstungen für einen erneuten Feldzug gegen die Karthager. Bereits schwerkrank und ohne einen großjährigen Nachkommen, stellte er kurz vor seinem Tod die Demokratie in Syrakus wieder her. Von den antiken Historikern wurde Agathokles meist (u. a. wegen sexueller Verfehlungen und grausamer Exzesse, zudem der niedrigen Herkunft) scharf verurteilt. Tatsächlich hatte seine Herrschaft der Insel zuletzt eine fünfzehnjährige Friedenszeit beschert; erst nach dem Tod des Königs begannen die inneren Wirren erneut. Allerdings hinterließ er – ohne eigenes Verschulden – ein unseliges Erbe: Seine ehemaligen italischen Söldner, die „Mamertiner“ (Marssöhne), besetzten Messana und begannen von dort ihre Raubzüge; diese sollten zum Anlass für das epochale Ringen zwischen Rom und Karthago im 1. Punischen Krieg werden.

„Wenn er Herr über ganz Sizilien wurde und die Karthager in höchste Gefahr brachte…muss er dann nicht hervorragende Fähigkeiten besessen haben?“ (Pol. 12,15).

Lit.: H. Berve, Die Herrschaft des Agathokles, München 1953
M. Müller, Der Feldzug des Agathokles in Afrika, Diss. Leipzig 1928

Ein treuer Gefährte:

M. Vipsanius Agrippa (64/63–12 v. Chr.)

Für seinen Freund Octavianus Augustus erfocht er die entscheidenden Siege und war maßgeblich am Aufbau des Prinzipates beteiligt.

→Caesar war tot – wer aber würde das Erbe des allmächtigen Dictators antreten? Die Mörder hofften auf eine Wiederherstellung der Republik, der langjährige Weggefährte M. Antonius als Führer seiner Anhängerschaft auf die Nachfolge. Da trat ein weiterer Mitbewerber auf: C. Octavius, der Großneffe des Ermordeten, durch dessen Testament posthum adoptiert. Als er in Italien landete (44 v. Chr.), wurde er von seinem gleichaltrigen Studiengefährten M. Agrippa begleitet; er sollte ihm bis zum Tod treu zur Seite stehen. Selbst von nichtsenatorischer Herkunft, blieb er stets willig im Schatten des Freundes; zudem glich er dessen schwersten Mangel aus – das Fehlen von militärischer Begabung. Bereits an der Doppelschlacht bei Philippi unter dem Oberkommando des Antonius beteiligt, befehligte er in den folgenden Jahrzehnten für Octavian alle wichtigen Feldzüge.[6]

Zunächst sicherte er als Statthalter in Gallien die Rheingrenze; für die verbündeten Ubier, die dem Druck der übermächtigen Sueben weichen mussten, gründete er die Stadt Ara Ubiorum, das heutige Köln. Danach legte er bei Baiae am Golf von Neapel einen geschützten Kriegshafen an. Dieser ermöglichte den Bau einer Flotte für den Krieg gegen den „Neptunssohn“ Sex. Pompeius, der von Sizilien aus die Seewege – v. a. die Getreidezufuhr – nach Italien sperrte und zeitweilig von den Triumvirn als nahezu gleichberechtigt anerkannt werden musste. Bei Mylae und Naulochos geschlagen, fand er auf der Flucht in Kleinasien den Tod (35).

Drei Jahre später kam es zum endgültigen Bruch zwischen Octavian und Antonius; erneut fiel die militärische Entscheidung zur See. Agrippa schloss die feindliche Flotte in der Bucht von Actium (in Nordwest-Griechenland) ein; Versorgungsmängel zwangen den Gegner zur Schlacht (02.09.31), in der seine schwerfälligen Kriegsschiffe den leichten Liburnern Octavians unterlagen. Eine Lücke zwischen den Geschwadern nutzte Kleopatra zum Durchbruch nach Äypten; dieser war auch das Ziel des Antonius gewesen, freilich für die gesamte Flotte.[7] Die augusteische Propaganda hat später den versuchten Ausbruch zu einer schmählichen Flucht verzerrt. Nur wenige Tage später kapitulierte das feindliche Landheer trotz einer Stärke von neunzehn Legionen, wohl aufgrund von Verrat.

Mit dem Sieg bei Actium und der Einnahme von Alexandria war das „Jahrhundert der Bürgerkriege“ beendet; nun wandte sich Agrippa den Werken des Friedens zu. Zahlreiche Bauten und Einrichtungen verdankten ihre Entstehung seinen organisatorischen Fähigkeiten, u. a. die Wasserversorgung für Rom und die ersten Thermen der Stadt, der Pont du Gard sowie die Maison Carrée in Nîmes. Soldatischem Denken entsprang ein weiteres bedeutendes Projekt – erstmals sollte das Reich kartographisch erfasst werden. Nochmals bewährte sich die militärische Erfahrung Agrippas auf einem Feldzug gegen die iberischen Kantabrer (20/19). Durch die Verleihung von höchsten Ehren sowie die Heirat mit der Tochter des Augustus stieg er zu dessen Stellvertreter auf, später zum Mitregenten und präsumtiven Nachfolger. Aber entgegen allen Erwartungen überlebte der stets kränkliche Princeps den körperlich robusten Freund; in Kampanien erlag dieser einer Krankheit und wurde im Mausoleum Augusti auf dem Marsfeld beigesetzt.

„Mit der Gunst von Winden und Göttern führt Agrippa auf hohem Verdeck die Flotte, seine Schläfen umstrahlt eine Schiffskrone als stolzes Zeichen des Krieges" (Verg. Aen. 8, 682–84).

Lit.: M. Reinhold, Marcus Agrippa. A Biography, New York 1933
J.-M. Roddaz, Marcus Agrippa, Rom 1984

Der Fall Roms:

Alarich (um 390–410 n. Chr., geb. um 370)

Durch die Plünderung Roms erschütterte er das Weltbild der Zeitgenossen; seine Bestattung im Flussbett des Busento wurde zur Legende.

Seit dem Foedus von 382 n. Chr. (→Fritigern) siedelten die Goten auf dem Gebiet des Römischen Reiches. Neun Jahre später brachen sie jedoch den Vertrag und drangen unter ihrem späteren König Alarich zunächst siegreich nach Süden vor. Von →Stilicho geschlagen – erstmals standen sich die beiden Kontrahenten der folgenden Jahrzehnte gegenüber –, schloss der Germane ein neues Bündnis mit Rom und nahm am siegreichen Feldzug des Theodosius gegen den Usurpator Eugenius teil. Allerdings herrschte bei den gotischen Hilfstruppen Empörung über die eigenen hohen Verluste. Als der Kaiser wenig später einer Krankheit erlag (395), durchzog Alarich daher erneut plündernd den Balkan und drang bis in die Nähe von Konstantinopel vor. Danach verheerte er Makedonien und Griechenland; geschickt nutzte er dabei den Machtkampf zwischen Rufinus und Stilicho, den führenden Politikern am ost- und weströmischen Kaiserhof. Mit diesen Raubzügen wollte der König ein fruchtbares, vor den Hunnen gesichertes Siedlungsgebiet für sein Volk sowie eine Legitimation für die eigene Machtstellung erpressen. Schließlich wurde den Goten Land in Epirus zugewiesen und Alarich zum Magister Militum ernannt (397).

Vier Jahre später marschierte er in Italien ein und belagerte die damalige Hauptstadt Mailand. Angesichts der Gefahr wurde die kaiserliche Residenz in das uneinnehmbare Ravenna verlegt, doch vermochte Stilicho den Feind abzudrängen. Im folgenden Jahr kam es bei Pollentia zu einer unentschiedenen Schlacht, dann jedoch wurde Alarich bei Verona von den Römern eingeschlossen; er räumte Italien und führte sein Volk nach Pannonien. Den Zeitgenossen erschien es als Verrat, dass Stilicho mehrfach die Gelegenheit nicht nutzte, den Gegner endgültig zu vernichten, doch blieb ihm tatsächlich keine andere Wahl: Er benötigte die halbwegs zivilisierten Goten, um mit ihrer Hilfe andere Germanenvölker abzuwehren, die für das Reich viel bedrohlicher waren. Nach dem Tod des römischen Heermeisters (408) und dem Sieg der antigermanischen Bewegung (die ihm Tausende von Flüchtigen als Verstärkung zuführte) drang der Balthe in Eilmärschen erneut in Italien ein und belagerte Rom, wo bald bittere Not herrschte. Mit schwersten Kontributionen erkaufte die Stadt den Abzug der Feinde. In den nächsten Monaten versuchte Alarich immer wieder vergeblich, durch Verhandlungen mit dem westlichen Kaiser Honorius, Siedlungsgebiete und persönliche Legitimation zu erlangen. Auch der Plan, durch die Erhebung eines „Herrschers von eigenen Gnaden" diese Ziele durchzusetzen, scheiterte; zudem wuchsen die Versorgungsschwierigkeiten im gotischen Heer. Schließlich zog der Balthe erneut gegen die Ewige Stadt und eroberte sie, angeblich durch Verrat (24.08.410). In einer dreitägigen Plünderung fielen ungeheure Schätze in die Hand der Sieger; auch die Kaisertochter Galla Placidia wurde fortgeführt. Der Fall Roms wirkte auf die Zeitgenossen wie ein Weltuntergang; gegen die heidnischen Vorwürfe, die Vernachlässigung der Götter habe die Katastrophe heraufbeschworen, aber auch gegen christliche Zweifel – wie konnte Gott derartiges Unheil über das Imperium **christianum** verhängen – verfasste Augustinus sein Werk über den „Gottesstaat", das durch mehr als ein Jahrtausend das abendländische Denken prägen sollte.
Alarichs Heer aber zog mit reicher Beute nach Süden; dort starb der König noch im selben Jahr und fand sein vielbesungenes Grab im Flussbett des Busento.

„Allzufrüh und fern der Heimat mussten sie ihn hier begraben, während noch die Jugendlocken seine Schultern blond umgaben" (A. Graf von Platen).

Lit.: H. Wolfram, Geschichte der Goten, München 1980

Siegeszug durch Asien:

Alexander der Große (336–323 v. Chr., geb. 356)

Siegreich warf er das persische Weltreich nieder und drang bis nach Indien vor; auch wenn sein Reich nicht von Dauer war, begründete es doch die Verschmelzung von Griechentum und Orient im Zeitalter des Hellenismus.

Erfolgreich hatte →Philipp von Makedonien Griechenland geeint und das schlagkräftigste Heer seiner Zeit aufgebaut. Ein Feldzug gegen das Achämenidenreich – als Rache für die einstige persische Invasion (480 v. Chr.) propagandistisch überhöht – sollte das Lebenswerk des Königs krönen, da fiel er einem Attentat zum Opfer. Nachdem er mögliche Rivalen bedenkenlos beseitigt hatte, trat der Sohn des Ermordeten die Nachfolge als Herrscher sowie als Heerführer des Korinthischen Bundes an. Schon früh hatte Alexander, durch seinen Lehrer Aristoteles hervorragend vorbereitet, wichtige Aufgaben übernommen, zudem bei Chaironeia den entscheidenden Angriff geführt. Dass er aber das Antlitz der Erde grundlegend verändern würde – das konnte man dem Jüngling trotz aller Begabung nicht zutrauen.
Zunächst sicherte er die Donaugrenze und warf einen griechischen Aufstand gegen die makedonische Hegemonie nieder; das rebellische Theben wurde gnadenlos zerstört. Dann wandte er sich dem großen Projekt seines Vaters zu – dem Angriff auf das persische Weltreich. Mit etwa 35.000 Mann überschritt er den Hellespont und opferte am Grabmal seines Vorfahren Achill bei Troia. Vergeblich stellte sich ihm das Heer der benachbarten Satrapen am Flüsschen Granikos entgegen. Beinahe hätte Alexander hier ein frühes Ende gefunden, doch rettete ihm der Reiterführer Kleitos das Leben. Danach eroberte er das westliche Kleinasien, im nächsten Jahr stieß er in das Binnenland vor und schlug den persischen Großkönig Dareios III. bei Issos (333). Anstatt den besiegten Gegner zu verfolgen, wandte er sich gegen die phönizische Stadt Tyros und erstürmte sie nach siebenmonatiger Belagerung. Damit war zugleich die überlegene feindliche Flotte ausgeschaltet, die zuvor seine rückwärtigen Verbindungen bedroht hatte; da sie keinen Heimathafen mehr

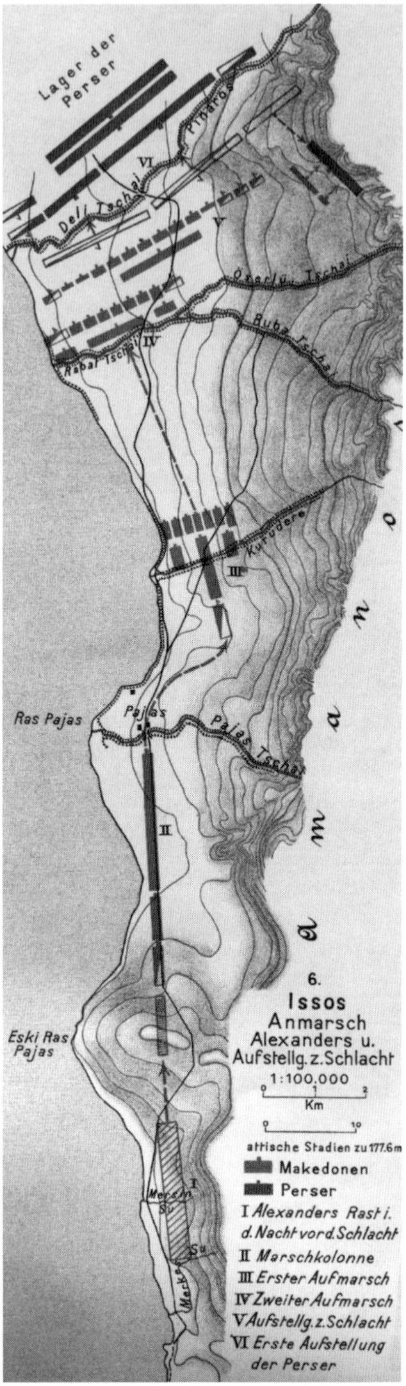

Schlacht bei Issos

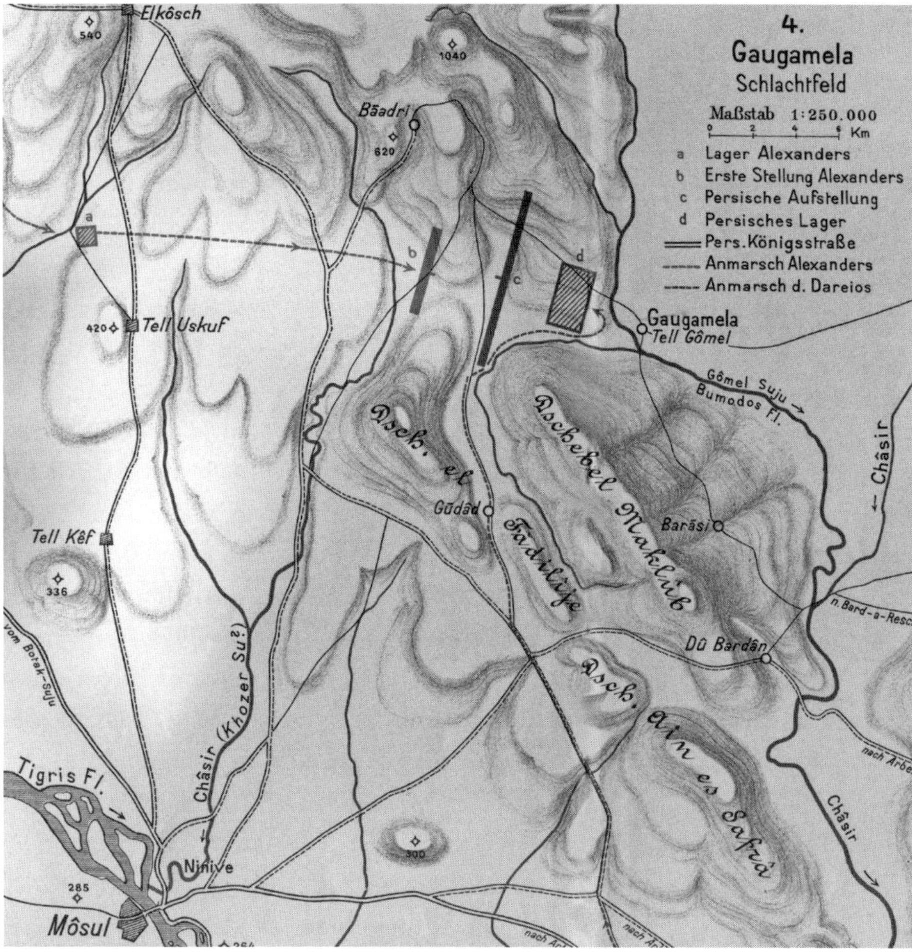

Schlacht bei Gaugamela

anlaufen konnte, löste sie sich auf.[8] Danach drang er nach Ägypten vor; dort gründete er Alexandria, künftig eine der großen Metropolen der hellenistischen Welt. In der Oase Siwa bezeichnete ihn das Amons-Orakel als Sohn des Gottes und versprach ihm die Weltherrschaft.

Im folgenden Jahr wandte sich der König erneut seinem persischen Gegner zu; in der Ebene von Mossul kam es bei Gaugamela zur Entscheidungsschlacht (01.10.331). Das Gelände hatte Dareios gut gewählt; es kam der Überlegenheit der eigenen Reiterei entgegen und ermöglichte zudem den Einsatz der gefährlichen Sichelwagen (allerdings wurden diese schon bald geschickt ausgeschaltet). Ein Angriff der persischen Kavallerie riss eine Lücke in der Front auf; entschlossen nutzte Alexander diese Situation: An der Spitze der Hetärenreiterei sowie einer Abteilung der schwergerüsteten Phalanx stieß er gegen das feindliche Zentrum vor, wo der Großkönig selbst das Kommando führte. Dieser verlor – wie bereits bei Issos – die Nerven und floh (so erscheint das Geschehen auf dem berühmten Mosaik aus der Casa del Fauno in Pompeii). Danach musste der Makedonenherrscher zunächst seinem bedrängten linken Flügel zu Hilfe kommen, dann aber war der Feind bezwungen, das Schicksal des Perserreiches besiegelt: Das siegreiche Heer rief Alexander zum König über Asien aus.

Dareios dagegen wurde auf der Flucht von den eigenen Satrapen getötet; nun betrachtete sich der Makedone als rechtmäßigen Nachfolger der Achämeniden (daher ließ er später den Mörder des Großkönigs nach iranischer – nicht griechischer! – Sitte grausam hinrichten). Im Triumph zog er in Babylon ein, dann eroberte er die Residenz Susa sowie Persepolis, die kultische Hauptstadt des Reiches. Er überließ sie den Soldaten zur Plünderung und befahl die herrlichen Bauten niederzubrennen; bereits in der Antike war umstritten, ob er damit bewusst die Zerstörung der griechischen Tempel beim Feldzug des Xerxes rächen wollte oder aus der Laune eines Trinkgelages handelte.

Die Verfolgung des Dareios und seiner Mörder führte Alexander danach in die Weiten Zentralasiens; in einem langwierigen Kleinkrieg wurden die dortigen Satrapien unterworfen. Gleichzeitig wuchs im makedonischen Adel der Widerstand gegen den König, der sich zunehmend als orientalischer Herrscher verstand und vornehme Perser sowie andere „Barbaren" mit wichtigen Ämtern und Aufgaben betraute. Mehrere Verschwörungen wurden aufgedeckt, die Schuldigen hingerichtet.

Ungeachtet aller bisherigen Erfolge kannte sein Tatendrang noch immer keine Grenzen; nun wandte er sich Indien zu. Mehrere einheimische Fürsten unterwarfen sich kampflos; gegen den tapferen König Poros errang Alexander am Hydaspes (im Punjab) einen letzten Sieg in offener Feldschlacht (326). Dann zwangen ihn jedoch die allgemeine Erschöpfung und der Widerwillen der eigenen Soldaten, die sich nach einem Ende ihrer langjährigen Mühen und Strapazen sehnten, zum Abbruch des Feldzuges. Unter weiteren Kämpfen zog der König den Indus abwärts; dann führte er einen Teil des Heeres unter großen Verlusten auf dem Landweg durch die Gedrosische Wüste, während die Flotte unter dem Kreter Nearchos den Seeweg am Persischen Golf erkundete. Nach der Rückkehr verheiratete er in Susa 10.000 Soldaten sowie seine Unterführer mit einheimischen Frauen; er selbst nahm eine Tochter des Dareios zur Gemahlin (zuvor hatte er sich bereits mit der baktrischen Fürstentochter Roxane vermählt). Die zunehmende Entfremdung zwischen Herrscher und Heer zeigte kurz darauf eine Meuterei der makedonischen Veteranen in Opis; Alexanders Vision einer Verschmelzung von Orient und Okzident lag jenseits ihrer Gedankenwelt. Lediglich sein engster Freund Hephaistion unterstützte diese Pläne; umso schwerer traf ihn dessen plötzlicher Tod (324). Während der Vorbereitungen für einen Feldzug gegen Arabien erlag er selbst im folgenden Jahr zu Babylon einer fiebrigen Erkrankung. Sein Reich war nicht von Dauer: Nach jahrzehntelangen Kriegen wurde es unter den Diadochen („Nachfolgern"), den früheren Unterfeldherren des Königs, aufgeteilt (→Seleukos). In Geschichte und Legende – etwa dem weitverbreiteten „Alexanderroman" – lebt dessen Heldengestalt bis heute in Ost und West weiter. Noch wichtiger freilich ist sein Fortwirken in der Weltkultur des Hellenismus, in der sich griechische und orientalische Elemente verbanden, gefördert durch die zahlreichen Stadtgründungen des Königs zwischen Ägypten und Afghanistan; noch die römische Kunst war entscheidend durch ihr Vorbild geprägt.

Schon in der Antike war umstritten, ob Alexander die einzigartigen Erfolge eher dem Glück oder der „Tugend" verdankte (man vergleiche dazu allerdings Moltkes bekanntes Wort: „Glück hat auf die Dauer nur der Tüchtige"); auch Napoleon hat seine Leistungen als Feldherr in Zweifel gezogen. Freilich widerspricht bereits das bloße Ergebnis des Alexanderzuges dieser kritischen Einschätzung. In der offenen Schlacht hat sich der König ebenso bewährt wie bei Belagerungen, zudem in ungezählten schwierigen Situationen auf höchst unterschiedlichem (und meist fremdem) Gelände. Flexibel wusste er alle Waffengattungen einzusetzen; entgegen der griechischen Tradition war er ein Meister der Verfolgung und nutzte dadurch den Schlachtensieg entscheidend aus. Einzigartig war Alexanders persönlicher Mut; achtmal wurde er verwundet. Durch seine Tapferkeit gewann er die Zuneigung der Soldaten, verlor sie freilich zuletzt durch politische Entscheidungen (s. o.); in ihm verbinden sich die Eigenschaften eines Helden und Heerführers. Die dominierende Persönlichkeit des Makedonen wurde zudem nach seinem Tod deutlich: Alle Unterfeldherren – die zu Lebzeiten des Königs als bloße Statisten erschienen – traten nun selbst als bedeutende Heerführer und Reichsgründer hervor.

„Er nimmt dadurch eine einzigartige Stellung ein, dass er den welterobernden Strategen und den unübertroffenen tapferen ritterlichen Vorkämpfer in einer Person vereinigt" (H. Delbrück).

Lit.: A. Demandt, Alexander der Grosse. Leben und Legende, München 2009
J. F. C. Fuller, Alexander der Große als Feldherr, Stuttgart 1961

Der Totengräber Athens:

Alkibiades (um 450–404 v. Chr.)

Brillant und unstet zugleich, führte der ehrgeizige Neffe des Perikles im Peloponnesischen Krieg seine Vaterstadt in das Verderben.

Jahrhundertelang hatte der Kriegerstaat Sparta die Vorherrschaft in Griechenland innegehabt. In den Perserkriegen trat jedoch Athen gleichberechtigt an die Seite der früheren Hegemonialmacht. Die beiden Rivalen konnten nicht unterschiedlicher sein: Eine starr(sinnig)e oligarchische Landmacht stand der geistig beweglichen demokratischen Seemacht gegenüber. Die langjährigen Spannungen entluden sich schließlich im Peloponnesischen Krieg (431–404 v. Chr.), dem verheerendsten der ungezählten innergriechischen Konflikte. Die erste Phase des Ringens endete mit einem Kompromissfrieden (421), der freilich die Rivalität nicht beseitigte.

Zu dieser Zeit begann die abenteuerliche Laufbahn des Alkibiades: Er war im Haus seines Oheims Perikles aufgewachsen und (freilich wenig gelehriger) Schüler des Sokrates gewesen. Eitel und ehrgeizig, charmant und tapfer, militärisch wie diplomatisch glänzend befähigt, besaß er alle Eigenschaften, um der Vaterstadt erfolgreich zu dienen – oder sie durch sein sprunghaftes, unstetes und charakterloses Wesen ins Verderben zu führen. Als junger Stratege trat er bereits kurz nach dem Friedensschluss für ein Bündnis Athens mit den Feinden der Spartaner ein (420); dieses endete freilich zwei Jahre später in

der Niederlage von Mantineia. Dennoch wuchs sein Ansehen: Bei den Olympischen Spielen belegten die Gespanne des Alkibiades[9] die ersten drei Plätze, Euripides selbst besang diesen glanzvollen Triumph.
Aber ihm stand der Sinn nach größeren Aufgaben: Die Elymerstadt Segesta (auf Sizilien) hatte in ihrem Dauerstreit mit dem griechischen Selinunt die Athener um Hilfe ersucht (416). Ein militärisches Eingreifen verhieß größte Chancen: Die Insel war reich, aber politisch zerstritten – offenbar eine leichte Beute. Hier bot sich die Gelegenheit, ein attisches Großreich im Westen zu gründen, Sprungbrett für die weitere Expansion gegen Italien und Karthago. Die Volksversammlung war leicht für das grandiose Vorhaben gewonnen, eine Flotte von etwa 300 Schiffen landete auf Sizilien (415). Aber der Feldzug stand unter keinem günstigen Stern, denn die drei Heerführer waren grundverschieden: Dem bedächtigen Nikias – der das Unternehmen zutiefst ablehnte – stand der erfahrene Militär Lamachos gegenüber (der bald den Soldatentod fand), dazu der selbstverliebte Alkibiades; zudem war die Expedition äußerst mangelhaft vorbereitet. Hinzu kamen innenpolitische Auseinandersetzungen: Ein religiöser Frevel – die Verstümmelung nahezu aller Hermen in Athen – hatte die Stadt kurz vor dem Auslaufen der Streitmacht erschüttert; man verdächtigte Alkibiades, ließ ihn jedoch ins Feld ziehen. Während er aber auf Sizilien weilte – ohne größere Fortschritte beim Angriff auf Syrakus zu erreichen – setzten seine politischen Gegner die Rückberufung des Heerführers zu einem Prozess durch. Da dieser den Wankelmut der Bürgerschaft nur zu gut kannte, floh er nach Sparta und wurde in Abwesenheit zum Tode verurteilt.
Der neuen Heimatstadt legte er nahe, den Krieg gegen Athen zu erneuern; auf seinen Rat schickte man den erfahrenen Feldherrn Gylippos nach Sizilien. Damit wandte sich das Kriegsglück; trotz der Entsendung von weiteren Truppen wurde das attische Expeditionskorps vernichtend geschlagen. Als erste Opfer eines Kriegsverbrecherprozesses endeten die beiden Heerführer Nikias und Demosthenes von Henkershand, Tausende von Kriegsgefangenen gingen elend in den Steinbrüchen von Syrakus zugrunde (413).
Die sizilische Katastrophe leitete die Wende des Peloponnesischen Krieges ein; der Attische Seebund begann sich aufzulösen. Noch verhängnisvoller war der Rat des Alkibiades, die Spartaner sollten die athenische Grenzfestung Dekeleia besetzen, denn dadurch wurde die Lebensmittelzufuhr der Stadt behin-

dert; die Landbevölkerung litt unter den fortwährenden feindlichen Raubzügen, Tausende Sklaven liefen zum Gegner über. Ferner hatte der abtrünnige Heerführer Verhandlungen mit dem persischen Satrapen Tissaphernes eingeleitet: Für dessen finanzielle Unterstützung gab Sparta die kleinasiatischen Griechenstädte dem Großkönig preis; die mit persischem Gold gebaute Flotte brachte zahlreiche attische Bündner zum Abfall.
Doch inzwischen hatte sich Alkibiades auch in der neuen Heimat unbeliebt gemacht, durch seine ungewohnte Machtstellung ebenso wie durch amouröse Abenteuer (u. a. mit der Gemahlin des Königs!); wieder wechselte er die Seite und kämpfte erneut für die eigene Vaterstadt. Dort drohte ein Bürgerkrieg zwischen der kurzlebigen oligarchischen Regierung und den demokratisch gesinnten Seestreitkräften; deren Befehlshaber rief Alkibiades herbei, der gerade am Hof des Tissaphernes zu Sardes weilte. Schon bald errang der neue Nauarch glänzende Erfolge; beim kleinasiatischen Kyzikos schlug er eine spartanische Flotte vernichtend – alle 86 Schiffe gingen verloren, die attische Macht in der Ägäis war wiederhergestellt (410). Mit reicher Beute zog der Sieger im Triumph in Athen ein und übernahm die Führung der erneuerten Demokratie. Aber der Wankelmut der Bürger hatte sich nicht geändert; nach der unbedeutenden Schlappe eines Unterfeldherrn wurde Alkibiades erneut abberufen und zog sich auf seine thrakischen Besitzungen zurück (407).Vergeblich versuchte er die Landsleute vor der entscheidenden Schlacht bei Aigospotamoi zu warnen (→Lysander); danach floh er an den Hof des Satrapen Pharnabazos und wurde dort auf Betreiben des siegreichen spartanischen Heerführers sowie der 30 Tyrannen von Athen im folgenden Jahr ermordet.

„Er war einer der großen Militärstrategen Athens und verdient in einer Reihe mit Themistokles und Kimon erwähnt zu werden" (W. E. Ellis).

Lit.: W. E. Ellis, Alcibiades, London 1989
J. Hatzfeld, Alcibiade, Paris 1951

Auf den Spuren Alexanders:

Antiochos III. der Große (223–187 v. Chr., geb. 243/42)

Tatkräftig erneuerte er das zerfallende Seleukidenreich, unterlag jedoch zuletzt der überlegenen römischen Macht.

In den Diadochenkriegen nach dem Tod Alexanders d. Gr. (→Seleukos) war das Staatensystem des Hellenismus entstanden; um die Vorherrschaft im östlichen Mittelmeerraum rivalisierten die Großmächte Makedonien, Ägypten (unter den Ptolemäern) sowie das riesige Vielvölkerreich der Seleukiden, das sich von Kleinasien bis an die Grenzen Indiens erstreckte. Da sich dessen auswärtige Interessen vor allem nach dem griechischen Westen orientierten, blieb das heterogene Staatswesen in seinen östlichen Satrapien stets von Aufständen und feindlichen Einfällen bedroht; Baktrien war bereits abgefallen, das Steppenvolk der Parther wurde zu einer zunehmenden Gefahr, Thronstreitigkeiten erschütterten das Reich. Zu einer letzten Blüte führte es Antiochos III. – freilich auch zum tiefen Sturz!
Bereits zu Beginn seiner Herrschaft usurpierte der Statthalter von Medien den Königstitel; die Erhebung wurde jedoch niedergeworfen (220 v. Chr.), zugleich Babylonien gesichert. Danach wandte sich Antiochos gegen die Ptolemäer; die Stadt Seleukeia Pieria wurde zurückerobert und dadurch der Zugang zum Mittelmeer erkämpft; zugleich war es ein propagandistisch wichtiger Erfolg, denn dort befand sich die Grabstätte des Dynastiegründers Seleukos. Dann aber scheiterte der weitere Vormarsch des Königs in der Niederlage von Rapheia bei Gaza (217). Inzwischen hatte sein Oheim und Schwager Achaios für ihn die an Attalos von Pergamon verlorenen Gebiete Kleinasiens zurückgewonnen, dann aber selbst den Herrschertitel angenommen. Nach langer Belagerung wurde er in Sardes durch Verrat gefangengenommen und grausam hingerichtet (213).
Danach begann die vielgerühmte „Anabasis" des Königs (212/5), die bewusst an den legendären Siegeszug Alexanders anknüpfte und ihm selbst den Beinamen des „Großen" einbrachte. Vom Euphrat aus durchzog er Persien, Medien und Hyrkanien; er schlug die Parther und zwang sie zur Anerkennung seiner

Oberhoheit. Dann wandte er sich gegen Baktrien, wo ein kleinasiatischer Grieche namens Euthydemos herrschte; nach einem Sieg am Areios – bei dem Antiochos selbst verwundet wurde – belagerte er ihn in der eigenen Hauptstadt und zwang ihn zu einem Friedensabkommen. Von dort drang er – seinem großen Vorbild folgend – bis Indien vor und unterwarf schließlich mit der Flotte die arabischen Gerrhäer (am Golf von Bahrein). Damit hatte er die Macht der Seleukiden wiederhergestellt. Allerdings war das Reich eher ein „Commonwealth“ von Vasallenvölkern als ein festgefügtes Staatswesen; mehr war allerdings angesichts der Weite von Räumen und Wegen ohnehin nicht erreichbar gewesen.

Nun wandte sich der König erneut dem Westen zu; in einem Geheimabkommen vereinbarte er mit Philipp V. von Makedonien die Aufteilung des Ptolemäerreiches, das durch innere Machtkämpfe geschwächt war. Während sein Verbündeter die ägyptischen Stützpunkte in der Ägäis eroberte, gewann er selbst durch einen Sieg bei dem Paneion an den Jordanquellen den südlichen Teil Syriens sowie Phönizien (200).

Als er jedoch einige Jahre später den Hellespont überschritt und Thrakien unterwarf, stieß er auf die römische Interessensphäre; der Krieg wurde unvermeidbar. In Begleitung →Hannibals, der an seinem Hof Zuflucht gefunden hatte, landete er mit völlig unzureichenden Streitkräften in Griechenland. An den Thermopylen geschlagen (wo sich der ältere Cato auszeichnete), kehrte er nach Kleinasien zurück. Nach weiteren Kämpfen zu Wasser und zu Lande errangen die Römer bei Magnesia am Sipylon den entscheidenden Sieg (190). Der Friede von Apameia zwang den Seleukiden zur Aufgabe Kleinasiens bis zum Taurus. Die hohe Kriegsentschädigung nötigte ihn zur Erschließung aller denkbaren Geldquellen; als er die Schätze eines Baaltempels bei Susa plünderte, wurde er von der erbitterten Bevölkerung erschlagen.

„…mit seiner Kühnheit und Ausdauer in allen Strapazen flößte er allen Untertanen Schrecken ein…durch diesen Feldzug schien er den Bewohnern Asiens wie auch Europas der Herrschaft würdig“ (Pol. 11,34).

Lit.: H. H. Schmitt, Untersuchungen zur Geschichte Antiochos' des Großen und seiner Zeit, Wiesbaden 1964

Um die Freiheit Germaniens:

Arminius (um 17 v. Chr.–19/21 n. Chr.)

Im Kampf gegen die römische Fremdherrschaft vernichtete er drei Legionen in einem Hinterhalt; der Sieg im Teutoburger Wald wurde zur nationalen Legende.

Um die langgestreckte Reichsgrenze vom Rhein zur Donau zu verkürzen, hatte →Drusus im Auftrag des Augustus Germanien bis zur Elbe erobert. Erste Erfolge der Romanisierung bewogen den Statthalter P. Quinctilius Varus, bei den unterworfenen Stämmen die römische Rechtsprechung und Steuerverwaltung einzuführen. Die spätere Überlieferung schildert ihn – auf der Suche nach einem Sündenbock für die vernichtende Niederlage – als unfähigen Versager. Aber er hatte sich (ungeachtet einiger menschlicher Schwächen) in mehreren Provinzen bewährt und sogar in die kaiserliche Familie eingeheiratet; zudem ist unvorstellbar, dass Augustus einem offenkundig ungeeigneten Mann wichtige Aufgaben übertrug. Die übereilte Einführung der römischen Verwaltung in Germanien war jedoch zweifellos ein gravierender Fehler und musste den Widerstand der Unterworfenen hervorrufen. Dieser sammelte sich um einen adligen Cherusker, der selbst durch die römische Schulung geprägt war. Möglicherweise als Geisel in Italien erzogen, hatte er später als Kommandeur einer Auxiliareinheit von Stammesgenossen im Pannonischen Aufstand gedient; für seine Verdienste war er mit dem Bürgerrecht, sogar der Erhebung in den Ritterstand belohnt worden. Wie er bei den Germanen hieß, ist nicht bekannt, die Römer nannten ihn jedenfalls „Arminius" (wohl nach der Tribus, in die er eingeschrieben war). Trotz seiner Jugend genoss er offenbar großes Ansehen und gewann dadurch mehrere Stämme für einen Aufstand gegen die fremden Besatzer. Aber selbst im eigenen Volk gab es eine einflußreiche prorömische Gruppe um Segestes, dessen Tochter Thusnelda Arminius (mit deren Einverständnis) entführt hatte.[10]

Als Varus im Herbst 9 n. Chr. die Winterquartiere an Rhein oder Lippe aufsuchen wollte, wurde ihm ein angeblicher Aufstand gemeldet; unter dem Vor-

wand, Hilfstruppen herbeizuführen, verließ Arminius das römische Lager. Vergeblich hatte Segestes den Statthalter vor seinem persönlichen Feind gewarnt – der Legat hielt die Beschuldigungen für privat motiviert. Auf dem Marsch wurden die drei Legionen, sechs Kohorten und drei Reiteralen – zusammen etwa 20.000 Mann – überraschend angegriffen. Es entwickelte sich ein viertägiges Rückzugsgefecht, bei dem der umfangreiche Tross zunehmend hinderlich wurde; in den undurchdringlichen Wäldern waren die leichtbewaffneten germanischen Krieger den schwergepanzerten Legionären überlegen. In auswegloser Lage gab sich Varus selbst den Tod, seine Armee wurde vernichtet, nur wenige konnten sich retten.
Wo ist aber der Schauplatz des dramatischen Geschehens zu suchen, den Tacitus als „Teutoburgiensis saltus" bezeichnet (der heutige Teutoburger Wald trägt diesen Namen erst seit dem 17. Jh.)? Bereits Th. Mommsen lokalisierte ihn aufgrund von Fundmünzen mit dem Stempel des Varus im niedersächsischen Kalkriese. Seit 1987 wurde das Gelände nach erfolgreichen Erkundungen des britischen Offiziers T. Clunn archäologisch erforscht, der Ort mit großer Wahrscheinlichkeit als Schlachtfeld der „clades Variana" identifiziert. Hier vollzog sich in einem geschickt vorbereiteten Hinterhalt der Untergang der Legionen. Dadurch blieb das Gebiet zwischen Rhein und Elbe außerhalb des römischen Machtbereichs – einer der entscheidenden Wendepunkte der Geschichte, denn dereinst sollten die germanischen Völker das Imperium stürzen.
Nach einer „modernen" These war der Aufstand jedoch nicht gegen die römische Fremdherrschaft gerichtet, sondern lediglich eine „Meuterei von Söldnern". Naturgemäß spielten die Auxiliartruppen der Cherusker und anderer Stämme eine entscheidende Rolle – sie waren mit der Kampfweise des Gegners vertraut und bildeten die militärische Elite ihres Volkes. Aber diese Umdeutung wird man doch eher einer zeitgeistigen „Entdeutschung" der Geschichte zuschreiben dürfen.[11] Eindeutig ist jedenfalls das Urteil des Tacitus über Arminius: „ohne Zweifel der Befreier Germaniens"!
Nachdem er zunächst die Rheingrenze gesichert hatte, führte der spätere Kaiser Tiberius den Krieg fort; dann wurde dessen Adoptivsohn Germanicus mit dem Kommando betraut. Auf seinem ersten Feldzug (15 n. Chr.) nahm er Thusnelda gefangen; sie starb wie ihr Sohn in römischer Gefangenschaft.

Hermannsdenkmal im Teutoburger Wald

Danach führte er die Armee in den Teutoburger Wald und ließ dort die Reste der gefallenen Landsleute bestatten. Auf dem Rückweg zum Rhein sahen sich die Legionen erneut mit der germanischen Taktik der plötzlichen Angriffe konfrontiert. Eine Heeressäule wäre beinahe – ebenso wie einst die Truppen des Varus – auf dem Marsch vernichtet worden, hätten die Feinde nicht gegen den Rat des Arminius nach anfänglichen Erfolgen den Sturmangriff auf das römische Lager gewagt. Nach einem weiteren Feldzug im Wesergebiet wurde Germanicus abberufen; Tiberius hatte erkannt, dass eine dauerhafte Eroberung Germaniens nicht möglich war.
Von dieser Bedrohung befreit, schlug Arminius den rivalisierenden Markomannenkönig Marbod und zwang ihn zum Rückzug nach Böhmen; wegen monarchischer Tendenzen wurde er von der eigenen Familie ermordet. Seit der Romantik ist er immer wieder mit der Sagengestalt Siegfrieds gleichgesetzt worden; die Vernichtung der römischen Legionen lebe in der Erzählung vom Drachenkampf fort (A. Giesebrecht, 1837). So umstritten diese These auch blieb – als germanischer Freiheitsheld wurde er in der Renaissance wiederentdeckt; wohl auf einem Irrtum M. Luthers beruht seine Umbenennung zu „Hermann". Diese lebt weiter in H. v. Kleists „Hermannsschlacht" – einem flammenden Aufruf zum Kampf gegen die napoleonische Fremdherrschaft – ebenso dem hochragenden „Hermannsdenkmal" bei Detmold (E. v. Bandel, 1875).

„...aller besten und aller stercksten hauptmann der je auff erdenn gewest" (Ulrich von Hutten).

Lit.: R. Wiegels – W. Woesler, Arminius und die Varusschlacht. Geschichte – Mythos – Literatur, Paderborn 2003
2000 Jahre Varusschlacht – Imperium, Stuttgart 2009

Die „Geißel Gottes“:

Attila (434–453 n. Chr.)

Die unüberwindlichen Reiterheere des Hunnenkönigs waren der Schrecken aller Zeitgenossen, bis ihr Siegeszug auf den Katalaunischen Feldern endete; nach seinem Tod zerfiel das ungefestigte Reich.

Im Zeitalter der Völkerwanderung war in der Ungarischen Tiefebene ein hunnisches Reich entstanden. Als dessen Gründer Ruas starb, traten seine Neffen Attila (got. „Väterchen“) und Bleda gemeinsam die Nachfolge an und mehrten ihre Macht durch erfolgreiche Feldzüge; nach der Ermordung des Bruders (445/46 n. Chr.) herrschte Attila allein über zahlreiche Völker zwischen Rhein und Kaukasus. Eine staatliche Organisation vermochten die Hunnen – wie die meisten Steppenvölker – nicht aufzubauen; auch Steuern und Abgaben mussten die Unterworfenen nicht entrichten. Das Reich wurde vielmehr vom Gegner finanziert: 441 fiel Attila in das Oströmische Reich ein und erzwang eine drastische Erhöhung der Tribute, die bereits sein Vorgänger Ruas erhalten hatte; auch die eigene Ernennung zum (hochdotierten) Magister Militum durch den Kaiser sollte ihm lediglich weitere Einkünfte verschaffen. Sechs Jahre später wiederholte sich das einträgliche Spiel; die hunnischen Scharen verwüsteten weite Teile des Balkans, eroberten 70 Städte und drangen bis in die Nähe von Konstantinopel vor. Attila plante aber anscheinend nicht die Zerschlagung des Imperiums – wer schlachtet schon die Henne, die so reichlich goldene Eier legt? Danach schien das Ostreich jedoch finanziell ausgeblutet; zudem trat der energische Militär Marcian die Nachfolge des schwächlichen Kaisers Theodosius II. an.
Daher wandte sich der Hunnenkönig dem Westen zu. Ein Kriegsgrund war rasch gefunden: Bei einem innerfränkischen Thronstreit rief ein Kandidat die Römer, sein Rivale die Hunnen zu Hilfe. Ungeahnte Möglichkeiten eröffnete zudem das überraschende Angebot der kaiserlichen Prinzessin Honoria: Die Schwester Valentinians III. war nach einem Fehltritt bei Hof in Ungnade gefallen; durch einen ihrer Eunuchen sandte sie Attila einen Ring und versprach ihm die Ehe. Als Mitgift forderte der Hunne die Hälfte des Westreiches; als

ihm dies verweigert wurde, fiel er in Gallien ein und verheerte das Land, das den raubgierigen Steppenkriegern schutzlos preisgegeben war.
Angesichts dieser tödlichen Bedrohung schloss der Reichsfeldherr →Fl. Aetius ein Bündnis mit dem Westgotenkönig Theoderich. Seine Streitmacht aus wenigen Römern sowie zahlreichen fränkischen und burgundischen Foederaten vereinigte sich mit dem gotischen Heerbann. Beim Anmarsch der Feinde gab Attila die Belagerung von Orléans auf und führte sein Heer in die Champagne, wo sich die Reiterscharen besser entfalten konnten. Auf den Katalaunischen Feldern (zwischen Metz und Troyes) kam es zu einer der größten und blutigsten Schlachten des Altertums (451); auch der Gotenkönig lag unter den Gefallenen. Attila hatte bereits einen Scheiterhaufen aus hölzernen Sätteln auftürmen lassen; im Fall einer völligen Niederlage wollte er sich selbst einer schmachvollen Gefangennahme entziehen. Dazu kam es freilich nicht; Aetius fürchtete einen bedrohlichen Machtzuwachs seiner gotischen Verbündeten und störte daher den hunnischen Rückzug nicht. Wer wusste schon, ob man nicht den augenblicklichen Feind für ein späteres Bündnis benötigte?
Er hatte jedoch Attilas Verluste überschätzt; schon im nächsten Jahr fiel der König in Italien ein. Nach der Legende bewog ihn Papst Leo d. Gr. zum Abzug (so verherrlichte Raffael das Geschehen in den Stanzen des Vatikans); tatsächlich veranlassten ihn Seuchen, Verpflegungsschwierigkeiten sowie ein oströmischer Angriff in seinem Rücken zur Heimkehr.
Im folgenden Jahr starb der gefürchtete Herrscher in der Hochzeitsnacht mit der schönen Germanin Ildiko. Der Streit seiner Söhne um die Nachfolge ermöglichte einen Aufstand der unterworfenen Germanen gegen die Steppenkrieger; das kurzlebige und fragile Reich zerfiel, das Volk der Hunnen verschwand aus der Geschichte. Doch die schreckeneinflößende Gestalt Attilas lebte in der deutschen Heldensage fort – im Waltharilied ebenso wie dem Sagenkreis um Dietrich von Bern, am eindrucksvollsten jedoch in der düsteren Schilderung des Nibelungenliedes vom Untergang der Burgunden am Hof des Königs „Etzel".

„Sein Selbstvertrauen wuchs noch, als das Schwert des Kriegsgottes gefunden wurde...durch dessen Besitz glaubte er sich zum Herrn der ganzen Welt bestimmt" (Iord. Get. 35).

Lit.: F. Altheim, Attila und die Hunnen, Baden-Baden 1951
L. Hambis, Attila et les Huns, Paris 1972
E. A. Thompson, A History of Attila and the Huns, Oxford 1948

„Restitutor orbis“:

Aurelian (270–275 n. Chr., geb. 214)

Durch mehrere siegreiche Feldzüge stellte er die Einheit des römischen Reiches wieder her und bereitete so den Weg für das Reformwerk Diocletians und →Constantins d. Gr.

In der Reichskrise des 3. Jhs. war das Imperium beinahe dem Ansturm der auswärtigen Feinde und den inneren Wirren erlegen; auch die militärischen Taten des →Gallienus hatten seinen Zerfall nicht verhindert. Das westliche Sonderreich mit Gallien, Britannien und Spanien war faktisch unabhängig geworden, ebenso das syrische Palmyra; nominell im Bund mit Rom, beherrschte es tatsächlich die östlichen Provinzen von Kleinasien bis Ägypten. Ein weiterer Machtbereich umfaßte Italien, Afrika und die Balkanländer. Seine Rettung verdankte Rom den Kaisern illyrischer Herkunft, die unermüdlich die Grenzen sicherten und den Grundstein zur Erneuerung des Staates legten. Claudius II. hatte die Goten bei Naissus (j. Niš) vernichtend geschlagen, war aber schon wenig später der Pest erlegen. Gegen dessen Bruder und (kurzlebigen) Nachfolger Quintillus wurde L. Domitius Aurelianus erhoben – ein Mann von einfachster Herkunft und geringer Bildung, aber ein hochbefähigter Militär mit eisernem Willen und unbändiger Tatkraft; er hatte sich bis zum Befehlshaber der Reiterarmee – zum mächtigsten Mann nach dem Kaiser – emporgedient.
Die Anerkennung der faktischen Unabhängigkeit Palmyras ermöglichte ihm, durch Siege über Sarmaten und Vandalen, die Donaugrenze zu sichern. Danach drängte er trotz einer schweren Niederlage vor Placentia (j. Piacenza) die Juthungen und Alanen aus Italien zurück. Da selbst das Kernland des Reiches von Feinden bedroht war, wurde Rom mit gewaltigen Befestigungen gesichert. In einer Länge von 19 km umschloss seither die Aurelianische Mauer die Ewige Stadt, verstärkt durch nahezu 400 Türme; in weiten Abschnitten erhalten, prägt sie noch heute vielerorts das Bild der Metropole. Auch andere Städte Italiens wurden befestigt. Danach sicherte der Kaiser durch einen Sieg über die Goten erneut die Donaugrenze; allerdings musste Dakien endgültig aufgegeben werden.

Aurelianische Mauer, Rom

Inzwischen hatte die energische Königin Zenobia die römische Oberhoheit über Palmyra abgeworfen und mit ihrem Sohn Vaballath den Augustustitel angenommen; dies kam einer Kriegserklärung gleich. Trotz der klimatischen Schwierigkeiten führte Aurelian seine Truppen durch die syrische Wüste; nach schweren Niederlagen bei Antiochia und Emesa (j. Homs) in ihrer Residenz eingeschlossen, musste die stolze Herrscherin kapitulieren. Sie wurde im Triumph des Siegers aufgeführt, dann aber begnadigt (272). Im folgenden Jahr erhob sich Palmyra erneut; die Stadt wurde abermals niedergeworfen und durch eine schwere Plünderung bestraft.

Das nächste Ziel des Kaisers war die Beseitigung des Gallischen Sonderreiches; dessen Herrscher Tetricus hatte Aurelian selbst angefleht, ihn von der Unbotmäßigkeit der eigenen Truppen zu erlösen, und ging in der entscheidenden Schlacht zum Gegner über; damit war die Einheit des Imperiums wiederhergestellt. Immer wieder zwangen Usurpationen und Invasionen fremder Völker den Kaiser zum Eingreifen; in seiner fünfjährigen Regierungszeit führte er zwölf Feldzüge zwischen Nordgallien und Ägypten. Außerdem

suchte er den Staat durch innere Reformen und die Einführung eines Reichskultes für Sol invictus, den „unbesiegbaren Sonnengott“, zu festigen; die Münzen preisen ihn als „Restitutor orbis“. Auf dem Weg nach Osten zu einem Feldzug gegen die Perser fiel er der Intrige eines seiner Sekretäre zum Opfer, der Strafe für ein Vergehen befürchtete.
Energisch hatte Aurelian die militärische Disziplin wiederhergestellt; dies erlaubte, den Truppen grandiose Marschleistungen abzufordern, aber auch den Verzicht auf einträgliche Plünderungen. Als erfolgreicher Feldherr wie als tapferer Soldat – auch nach der Erhebung zum Kaiser wurde er mehrfach verwundet – genoss er die hohe Achtung der Armee. Seine Reformen wiesen in die Zukunft: Besiegte feindliche Scharen wurden als geschlossene Einheiten in das römische Heer aufgenommen und damit dessen später beklagte „Barbarisierung“ eingeleitet; die Aufstellung schwergepanzerter Reiterverbände, der Kataphrakten und Clibanarier, wies auf die dominierende Rolle der mittelalterlichen Ritter voraus. Aus seiner „Schule“ gingen zudem die Heerführer und Herrscher hervor – Diocletian und Maximian, Galerius und Constantius –, denen es endgültig gelingen sollte, die Reichskrise zu bewältigen und das Imperium zu erneuern.

„Wenn auch mit wechselndem Kriegsglück, stellte er die römische Macht bis an die früheren Grenzen wieder her“ (Eutr. 9, 13).

Lit.: L. Homo, Essai sur le règne de l'empereur Aurélien, Paris 1904
F. Manns, Münzkundliche und historische Untersuchungen über die Zeit der Illyrerkaiser. Aurelianus, Diss. Berlin 1939

Die Heldin Britanniens:

Boudicca (gest. 61 n. Chr.)

Die tatkräftige Königin führte den größten Aufstand Britanniens gegen die römische Herrschaft; nach ersten Erfolgen wurde sie von den überlegenen Legionen geschlagen.

In seiner Begierde nach militärischem Ruhm hatte der eigentlich völlig unsoldatische Kaiser Claudius Britannien erobert; der Süden des Landes wurde zur römischen Provinz, nach Norden durch einen Wall von Klientelkönigreichen gesichert. Die Romanisierung des einheimischen Adels schritt voran, wie etwa der Wohnsitz eines keltischen Fürsten im heutigen Fishbourne (bei Chichester) bezeugt. Aber es regte sich auch Widerstand, begünstigt durch schwerwiegende Fehler der neuen Herren sowie das hemmungslose Gebaren der römischen Kredithaie (darunter Seneca, dessen Geldgier erheblich von den edlen philosophischen Lehren abwich).
Als der König der verbündeten Icener starb, wurde sein Reich (im späteren East Anglia) der Provinz einverleibt, die Witwe Boudicca ausgepeitscht, ihre Töchter vergewaltigt. Tief gekränkt, erhob sich die stolze Frau gegen die verhasste Fremdherrschaft; zahlreiche Stämme schlossen sich dem Aufstand an. Die neugegründete Colonia Camulodunum (j. Colchester) wurde erobert, die IX. Legion vernichtend geschlagen, die römische Verwaltung löste sich auf: Der Leiter des Finanzwesens floh nach Gallien, Kaiser Nero erwog die Räumung der Insel. Der Statthalter C. Suetonius Paullinus gab Londinium und Verulamium (j. St. Albans) den Aufständischen preis; unter furchtbaren Martern wurden dort angeblich 70.000 Römer und Verbündete massakriert (die grauenhaften Schilderungen der antiken Historiker erinnern an die Geschehnisse in Ostpreußen 1945!).
Versorgungsmängel zwangen den römischen Legaten, sich an unbekanntem Ort zur Schlacht zu stellen; von ihrem Streitwagen führte Boudicca selbst das Kommando. Der Ablauf des Gefechts ist nicht zu rekonstruieren; jedenfalls errangen die überlegene Disziplin und Bewaffnung der Legionen einen glänzenden Sieg gegen die zahlenmäßige Übermacht der keltischen Stammeskrieger. Wenig später vollendete der Tod der Herrscherin – durch Selbstmord oder Krankheit – den Triumph der römischen Waffen. Spätere Generationen verehrten sie als nationalen Mythos; daher erinnert ein pathetisches Denkmal vor dem britischen Parlament an die heldenhafte Königin, die ihre Demütigung blutig rächte, auch wenn sie einem Weltreich letztlich unterliegen musste.

„Sie zu befehligen, erschien Boudicca als würdig; daher führte sie den gesamten Krieg, eine britannische Frau von königlicher Herkunft und klüger als beim weiblichen Geschlecht üblich“ (Dio 62,2,2).

Lit.: G. Webster, Boudicca. The British Revolt against Rome AD 60, London 1978

Bis an die Grenzen der Erde:

C. Iulius Caesar (100–44 v. Chr.)

Als Staatsmann wie als Feldherr, zudem als Schriftsteller zählt er zu den Großen der Geschichte; mit ihm vollzog sich der Übergang von der römischen Adelsrepublik zur Monarchie.

„Noch nichts habe ich vollbracht in dem Alter, da →Alexander bereits den Erdkreis unterworfen hatte" – so soll der junge Caesar vor einer Statue des Makedonenkönigs geklagt haben. Tatsächlich unterscheidet sich die Laufbahn des Römers grundlegend vom Leben des Welteroberers: In den ersten Jahrzehnten dominiert die politische Tätigkeit, erst spät konnte sich sein Genie auch auf militärischem Gebiet beweisen. Zwar hatte er sich als Kriegstribun bewährt und bereits beim ersten Einsatz die höchste Auszeichnung erlangt, die corona civica für die Errettung eines Kameraden; als Propraetor in Spanien war er nach Erfolgen gegen kriegerische Bergstämme von den Soldaten zum Imperator ausgerufen worden, der Senat hatte ihm einen Triumph bewilligt. Aber erst nach seinem Konsulat begann der Aufstieg zum führenden Feldherrn Roms und zur Alleinherrschaft.
Ein Volksbeschluß hatte ihm die Verwaltung von Gallia Cisalpina (Oberitalien) und Gallia Ulterior (Südfrankreich) übertragen; diese Aufgabe musste er nutzen, um sich – als unabdingbare Voraussetzung für den Aufstieg zur Macht – ein ergebenes Heer und die notwendigen finanziellen Mittel zu gewinnen, vor allem aber den kriegerischen Ruhm, den sein Rivale →Pompeius bereits in höchstem Maße genoss.
Daher nutzte er entschlossen die erste Gelegenheit, in die Kämpfe zwischen den keltischen Stämmen einzugreifen: Die Helvetier (im Gebiet der heutigen Schweiz) planten unter dem zunehmenden germanischen Druck ihr Land aufzugeben und neue Wohnsitze in Südwestgallien zu suchen. Unter dem Vorwand einer Bedrohung für römisches Gebiet widersetzte sich Caesar diesem Vorhaben; sein Sieg bei Bibracte zwang das Volk zur Rückkehr in die ursprüngliche Heimat. Noch im selben Jahr wandte er sich gegen den Suebenkönig Ariovist, der das heutige Elsaß erobert hatte. Nachdem Verhand-

lungen gescheitert waren, wurde auch er vernichtend geschlagen (58 v. Chr.). Dadurch war zugleich entschieden, dass Gallien (und damit das spätere Frankreich) in Sprache und Kultur von den siegreichen Römern geprägt wurde, nicht von germanischem Einfluss.
Nach diesen glanzvollen Siegen war bereits ein großer Teil des Landes für Rom gewonnen. Im folgenden Jahr griff Caesar in den Norden aus und unterwarf das gallogermanische Völkergemisch der Belger – freilich unter großen Schwierigkeiten: Bei einem überraschenden Angriff der Nervier gerieten die Legionen an der Sambre in tödliche Gefahr; Caesar musste persönlich in den Kampf eingreifen, um die Situation zu retten. Nach weiteren Erfolgen im nächsten Jahr – die Küstenstämme der Bretagne sowie Aquitanien wurden niedergeworfen – stand ganz Gallien unter römischer Herrschaft. Nun führte der siegreiche Feldherr seine Truppen über die bisherigen Grenzen der Erde hinaus: Er überschritt den Rhein und drang in die Wälder Germaniens vor, zog sich aber nach kurzer Erkundung wieder zurück. Noch spektakulärer waren die beiden Feldzüge nach Britannien (55/54); die Legionen stießen bis über die Themse vor und zwangen die keltischen Stämme zur Unterwerfung (der von Caesar überlieferte Tribut wurde allerdings nie geleistet). Auch wenn das Ausgreifen nach Germanien und Britannien militärisch bedeutungslos blieb – der Ruhm des Siegers wuchs ins Unermessliche. Wie Cicero überliefert, hatte er Länder und Völker bezwungen, die man bisher nicht einmal dem Namen nach gekannt hatte – das Prestige des Pompeius wurde zunehmend in den Schatten gestellt.
Allmählich regte sich freilich Widerstand in Gallien gegen die Fremdherrschaft; der Eburonenfürst Ambiorix vernichtete fünfzehn Kohorten in einem Hinterhalt, auch der Legat Q. Cicero (der Bruder des Redners) geriet mit seinen Truppen in tödliche Gefahr (53). Im folgenden Jahr erhoben sich nahezu alle Stämme gegen die römischen Besatzer; in dem jungen Arverner →Vercingetorix fanden sie einen genialen Führer, dessen Strategie der „verbrannten Erde“ Caesar an den Rand der Niederlage brachte. Nach der Schlappe von Gergovia – der ersten in seiner Laufbahn – schlossen sich selbst die ältesten Verbündeten Roms in Gallien, die Häduer, den Aufständischen an.
Nun zeigte sich allerdings das Genie des Römers: In einem kühnen Manöver vereinigte er die eigene Armee mit den Truppen des Legaten T. Labienus. Dann verstärkte er sein Heer durch rasch in Germanien angeworbene Reiter,

schlug Vercingetorix bei Dijon und schloss ihn mit gewaltigen Befestigungen im nahen Alesia ein. Wälle und Gräben, Palisaden und Wolfsgruben sicherten die römischen Stellungen nach beiden Seiten.[12] Inzwischen rückte ein keltisches Entsatzheer heran und versuchte den Belagerungsring zu durchbrechen, während die Eingeschlossenen gleichzeitig die Legionäre im Rücken angriffen. Nach erbittertem Kampf – es war eine der schwierigsten Situationen in Caesars Feldherrnlaufbahn – musste der gallische Heerführer kapitulieren; der Widerstand des Landes war gebrochen.

Nachdem mehrere Versuche gescheitert waren, durch Verhandlungen eine Einigung mit den innenpolitischen Gegnern – Pompeius und der Senatsmehrheit – zu erreichen, überschritt Caesar den Rubico (die Grenze zwischen der Provinz Gallia Cisalpina und Italien) und löste dadurch den Bürgerkrieg aus. Sein rascher Vormarsch zwang den Rivalen, Italien fluchtartig zu räumen. Nachdem er die feindlichen Truppen in Spanien ausgeschaltet hatte, setzte Caesar nach Griechenland über und schloss das Heer des Pompeius bei Dyrrhachium (j. Durazzo) ein; es kam zum regelrechten Stellungskrieg. Dabei erlitt Caesar bei einem feindlichen Gegenstoß eine schwere Niederlage; zu seinem Glück versäumte der Rivale diese Gelegenheit, den Krieg mit einem Schlag zu beenden. Trotz der Schlappe behielt Caesar die Initiative und errang nur wenige Wochen später bei Pharsalos einen glänzenden Sieg (48); Pompeius fand auf der Flucht in Ägypten den Tod.

Als sein Gegner kurz darauf in Alexandria landete, wurde er in den Thronfolgestreit zwischen der jungen Königin Kleopatra und ihrem Bruder verwickelt; damit begann eine der berühmtesten Liebesaffären der Weltgeschichte. Nachdem er in erbitterten Kämpfen den Widerstand des Landes gebrochen hatte, wandte er sich gegen Pharnakes von Pontos, den Sohn des großen Mithridates (→Sulla); der Ort der Entscheidungsschlacht – das kleinasiatische Zela – ist weniger bekannt als der lakonische Bericht des Siegers: „Veni, vidi, vici". Danach führte er die Legionen gegen seine innerrömischen Gegner, die sich in Afrika gesammelt hatten. In der letzten großen Elefantenschlacht der Antike wurden sie bei Thapsus vernichtend geschlagen; die feindlichen Heerführer gaben sich selbst den Tod, unter ihnen der große (und weltfremde) Moralist M. Porcius Cato d. J. (46). Im folgenden Jahr musste Caesar erneut zu Felde ziehen; in Spanien hatten die Söhne des Pompeius und sein eigener früherer Legat T. Labienus ein Heer aufgestellt. Die Entscheidung fiel bei

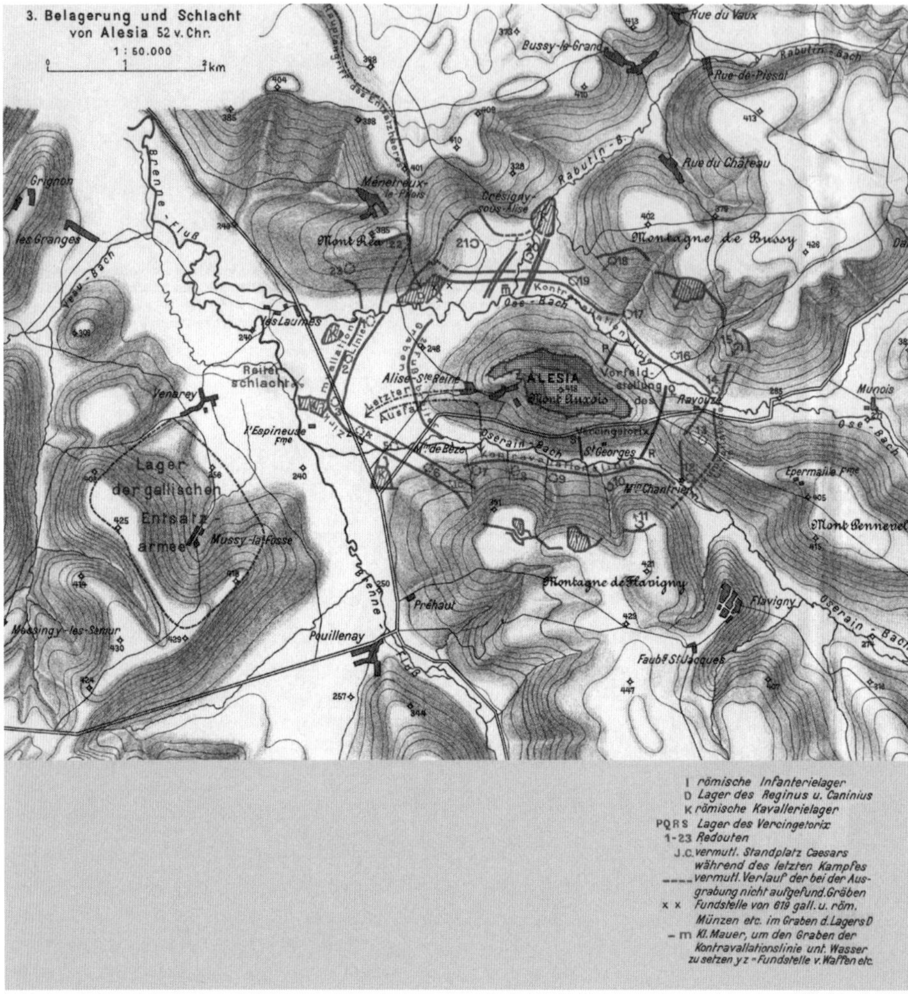

Schlacht bei Alesia

Munda, wo der bereits 55jährige Feldherr in höchster Bedrängnis selbst in vorderster Linie focht – ohne Helm, um für die Soldaten kenntlich zu sein. Er habe stets um den Sieg gekämpft, hier aber um sein Leben, bekannte er später. Nach dem endgültigen Triumph über alle Gegner widmete er sich einem umfassenden Reformprogramm. Ob er die monarchische Stellung auch dem Namen nach erstrebte, bleibt umstritten. In jedem Fall sprengte die Machtfülle des dictator perpetuus das Gefüge der Adelsrepublik. Daher bildete sich

Schlacht bei Pharsalos

eine Gruppe von Verschwörern; ihren Dolchen fiel Caesar – kurz vor dem Aufbruch zu einem Krieg gegen die Parther – an den Iden des März (15. 3.) 44 v. Chr. zum Opfer.

Die in der römischen Geschichte beispiellosen militärischen Erfolge hatte er auf unterschiedlichste Art errungen – mit kühnen überraschenden Manövern ebenso wie im beharrlichen Stellungskrieg. Er zeigte sich als Meister der Vernichtungsstrategie; seine Siege hatten napoleonisches Format. Indem er erstmals die taktische Reserve als schlachtentscheidende Waffe einsetzte, wurde er zum Vorbild für Jahrhunderte. Hinzu kam die hervorragende Menschenführung: Mehrfach brachte das persönliche Eingreifen Caesars die wankenden Reihen zum Stehen; eine bedrohliche Meuterei brach vor seiner dominierenden Persönlichkeit zusammen.

„In diesem Mann ist das Genie ebenso stark wie die Kühnheit“ (Napoleon, Übers. H. Conrad).

Lit.: Y. Le Bohec, César, chef de guerre. César stratège et tacticien, Paris 2001
G. Veith, Geschichte der Feldzüge C. Julius Caesars, Wien 1906

Der erste Held Roms:

M. Furius Camillus (gest. 365 v. Chr.)

Von Legenden überwuchert, steht er als erste greifbare Gestalt in der Geschichte der Tiberstadt; der Beginn der römischen Expansion ist mit seinen Taten verbunden.

Von Sagen und Legenden sind die Anfänge Roms umwoben, aus denen der nüchterne Historiker mühsam einen geschichtlichen Kern herauszuschälen sucht. Romulus und Brutus, Lucretia und Coriolan – sie alle entstammen einer blühenden romantischen Phantasie. Die erste historisch fassbare Persönlichkeit der Tiberstadt ist Camillus – auch er freilich von der späteren Überlieferung bis zur Unkenntlichkeit umgeformt und ver(un)klärt. Unbestritten hat er als Feldherr und Politiker die Jahrzehnte von 400–370 v. Chr. entscheidend geprägt, zumeist mit der Amtsgewalt eines Konsulartribuns. Seine bedeutendste Tat war die Eroberung der mächtigen Etruskerstadt Veji, die – nur wenige Meilen von Rom entfernt – das rechte Tiberufer beherrschte (396). Angeblich währte ihre Belagerung zehn Jahre lang – deutlich wird das Bestreben der römischen „Historiker", die eigene Heldentat dem Kampf um Troia gleichzusetzen. Aber der siegreiche Heerführer galt der Nachwelt zugleich als Musterbeispiel von altrömischer Virtus: Bei der Belagerung von Falerii lehnte er das Angebot eines verräterischen Schulmeisters ab, ihm die Kinder des dortigen Adels und damit die Herrschaft über die Stadt auszuliefern. Das ehrenhafte Verhalten des edlen Feldherrn zählt – wenngleich frei erfunden – noch heute zu den klassischen Geschichtsfälschungen, auf die kein Schulbuch verzichten mag.
In die Zeit des Camillus fällt die bis dahin größte Katastrophe in der Geschichte Roms: Die Niederlage gegen die Kelten an der Allia und die Eroberung der Stadt durch die siegreichen „Barbaren" (387). Doch scheint der Heerführer damals im Exil gelebt zu haben; Berichte über seine Verbannung aufgrund einer Verurteilung – angeblich wegen der Verwendung der Beute aus Veji – sind wohl historisch. Nach der Legende wurde er in dieser bedrohlichen Situation zurückberufen; als die Besatzung des Kapitolshügels gerade den Ab-

zug der Gallier mit Gold erkaufen wollte, sei er erschienen, habe die Abmachung aufgrund seiner Vollmachten als Dictator für ungültig erklärt und die Feinde vernichtend geschlagen. Allerdings ist diese patriotische Version unhistorisch – tatsächlich sind die Kelten mit dem römischen Staatsschatz siegreich in die Heimat zurückgekehrt. Ebenso ungeschichtlich ist die Erzählung, Camillus habe danach die Übersiedlung der römischen Bürgerschaft aus ihrer zerstörten Stadt in das nahe Veji verhindert. Vielmehr wehrte er die benachbarten Volsker, Aequer und Etrusker ab, als sie die augenblickliche Schwäche der Tiberstadt ausnutzen wollten. Auch wenn diese Ereignisse später gleichfalls ausgeschmückt wurden – die Taten des Feldherrn waren tatsächlich ein Meilenstein auf dem Weg Roms zur Herrschaft über Mittelitalien.

„Er war der erste in Krieg und Frieden…(und) wurde für würdig gehalten, als zweiter Gründer der Stadt nach Romulus genannt zu werden“ (Livius 7,1,9f.).

Lit.: O. Hirschfeld, Zur Kamillus-Legende, in: Ders., Kleine Schriften, Berlin 1913, 273-87

Mit göttlicher Hilfe:

Constantin der Große (306–337 n. Chr., geb. um 285)

Durch seine Bekehrung zum Christentum ging er in die Geschichte ein; zugleich war er jedoch der bedeutendste Heerführer seiner Zeit, im Feld stets unbesiegt.

Tatkräftig hatten Diocletian und seine Mitregenten durch militärische Erfolge und innere Reformen das Imperium nach der Krise des 3. Jhs. (→Gallienus) erneuert. Vor allem hatte die „Tetrarchie“[13] aus jeweils zwei Ober- (Augusti) und Unterkaisern (Caesares) die endlose Kette der Usurpationen beendet. Allerdings widersprach dieses künstliche System dem dynastischen Denken der Armee und konnte daher nur unter der überragenden Persönlichkeit Diocletians bestehen. Das zeigte sich schon bald nach dessen Abdankung (305 n. Chr.): Als der neue Augustus Constantius im folgenden Jahr überraschend auf einem Feldzug in Britannien starb, wurde die Nachfolge nicht im Herrscherkollegium geregelt; vielmehr riefen die Soldaten (v. a. die germanischen Einheiten) den Sohn des Verstorbenen zum Kaiser aus. Der junge Constantin war am Hof Diocletians aufgewachsen und hatte sich als tapferer Offizier bewährt; bei den Truppen war er höchst beliebt. Von den anderen Machthabern anerkannt, kämpfte er siegreich gegen Franken und Alamannen. Noch im selben Jahr erhob sich ein weiterer Kaisersohn gegen die herrschende Staatsordnung; Maxentius ließ sich in Rom zum Augustus ausrufen. Eine Zeit der Wirren folgte, das System der Tetrarchie brach zusammen. Nach anfänglicher Neutralität verschärften sich die Spannungen zwischen Maxentius und Constantin, der mit der Besetzung Spaniens die Feindseligkeiten eröffnete (310) und zum Entscheidungskampf rüstete.

Im Frühjahr 312 marschierte er in Italien ein und stieß nach Siegen bei Turin und Verona gegen Rom vor. Sein Gegner war zahlenmäßig überlegen und konnte sich zudem auf die Befestigungen der Stadt stützen; dennoch stellte er sich beim nahegelegenen Saxa Rubra zur Schlacht. Diese endete mit einem glänzenden Sieg Constantins; auf der Flucht über die Milvische Brücke kam Maxentius in den Fluten ums Leben. Bei seinem triumphalen Einzug in die Ewige Stadt unterließ der Sieger den traditionellen Gang zum Kapitol und das übliche Dankopfer für die Götter. Nach legendärem Bericht hatte er den Erfolg aufgrund einer nächtlichen Vision im Zeichen Christi errungen. Eine solche Erscheinung mag subjektiv erlebt sein – sie entzieht sich jedoch dem Urteil des Historikers. Im folgenden Jahr dankte der Kaiser seinem göttlichen Schlachtenhelfer, indem er dessen Verehrung durch das Edikt von Mailand zur religio licita im Römischen Reich erhob; zudem wuchs außer dem Triumphbogen am Colosseum als Siegesmal die Lateranbasilika empor – der erste monumentale Kirchbau des Abendlandes.

Während er selbst gegen die Franken kämpfte, beseitigte sein Verbündeter Licinius den letzten Rivalen im Osten (313); um beide Herrschaftsgebiete voneinander zu trennen, beschlossen beide Kaiser, als Pufferstaat ein „Mittelreich" auf dem Balkan unter einem Caesar Bassianus zu errichten. Als dieser – obwohl mit Constantins Schwester vermählt – mit Licinius konspirierte, kam es zum Krieg; nach mehreren Siegen fielen beim Abschluss eines Friedensabkommens

Milvische Brücke

die Balkanprovinzen dem Herrscher des Westens zu (314 oder 316). Einige Jahre später verschlechterten sich die Beziehungen erneut (wobei die Provokationen von Constantin ausgingen!). Maßnahmen des Licinius gegen die Christen wurden zum Vorwand für den Endkampf um die Alleinherrschaft. Der christliche Kaiser siegte bei Adrianopel (j. Edirne) und Chrysopolis (am Bosporus); der geschlagene Gegner kapitulierte in seiner Residenz Nikomedia (324) und wurde im folgenden Jahr hingerichtet. Zum Dank für die göttliche Unterstützung stiftete der Triumphator den ersten Petersdom (der später wegen Baufälligkeit dem gewaltigen Werk Bramantes und Michelangelos weichen musste). Auch wenn immer wieder die Grenzen gesichert wurden, war es der letzte bedeutende Sieg Constantins, der niemals im Feld bezwungen wurde (was weder →Hannibal noch Napoleon beschieden war); leider berichten die dürftigen Quellen keine Einzelheiten über die militärischen Erfolge des Kaisers.

Dessen strategischen Blick bezeugt auch die Gründung eines neuen, christlichen Roms, das zugleich als „Constantinopolis" seinen Namen verherrlichen sollte. Durch ihre einzigartige Lage – an der Schwelle zwischen Asien und Europa, geschützt durch Bosporus, Marmarameer und Goldenes Horn – sollte die Stadt in Spätantike und Mittelalter eine überragende politische und kulturelle Bedeutung erlangen. Zudem führte der Herrscher grundlegende militärische Reformen durch: Feldarmee und Grenzeinheiten wurden getrennt, die Rangordnung der Generalität umgebildet; immer mehr Germanen wurden in das Heer aufgenommen, zudem mit den Scholae Palatinae eine neue Gardetruppe aufgestellt. Als der erste christliche Kaiser Roms starb, hatte er das Imperium gefestigt, das Werk Diocletians vollendet. Auch nach dem Ende der römischen Herrschaft im Westen sollte das Reich im Schutz seiner fast uneinnehmbaren Gründung Konstantinopel im Orient noch nahezu ein Jahrtausend fortleben.

„In diesem Zeichen wirst du siegen“ (Euseb. Vita Const. 1,28, dort allerdings in der ursprünglichen Kurzform „durch dieses siege“!).

Lit.: B. Bleckmann, Konstantin der Große, Reinbek 1996
A. Demandt – J. Engemann, Konstantin der Große, Kat. Trier 2007
Th. Grünewald, Constantinus Maximus Augustus, Stuttgart 1990

Rettung aus dem Chaos:

Fl. Constantius (gest. 421 n. Chr.)

Nach der Plünderung Roms durch Alarich und dem Verlust der westlichen Provinzen vermochte er das Reich erneut zu festigen.

Alarich war tot, das Reich von seinem gefährlichsten Gegner befreit (410 n. Chr.) – und dennoch war die militärische Lage katastrophal. Unter ihrem neuen König Athaulf, dem Schwager des Verstorbenen, standen die Goten weiterhin in Italien. Noch schwerer wog der Verlust Galliens: In der letzten Nacht des Jahres 406 hatten die asdingischen und silingischen Vandalen gemeinsam mit den Alanen und Sueben den Rhein überschritten; die Grenzsicherung war zusammengebrochen, plündernde Scharen ergossen sich über das wehrlose Land. Auch aus Britannien hatte man Truppen für den Krieg gegen Alarich abgezogen, die Provinz litt unter Einfällen der benachbarten Scoten sowie sächsischer Piraten. Daher kam es dort zu mehreren Erhebungen gegen den legitimen Kaiser Honorius; dass zuletzt ein gemeiner Soldat lediglich wegen seines glückverheißenden Namens Constantin (III.) zum Herrscher ausgerufen wurde, zeigt die allgemeine Verzweiflung.[14] Statt Britannien wirksam zu schützen, setzte der neue Kaiser jedoch nach Gallien über und stellte die Rheingrenze wieder her. Sein Sohn Constans – aus dem Mönchsstand zum Mitregenten berufen – eroberte Spanien, Constantin selbst marschierte kurzfristig – unter dem Vorwand, Alarich zu bekämpfen – in Italien ein. Inzwischen drangen die Vandalen, Alanen und Sueben auf die iberische Halbinsel vor. Dort rebellierte der Heermeister Gerontius gegen Constantin III.; er erhob seinen eigenen Sohn Maximus zum Kaiser und beseitigte Constans. Damals kämpften im Westen des Reiches drei Herrscher gegeneinander, während weite Gebiete von Germanen besetzt waren. In dieser Notlage tritt erstmals Fl. Constantius als Heermeister auf; in Naissus (j. Niš) geboren, hatte er unter Theodosius d. Gr. erste Erfahrungen im Kriegswesen gesammelt. In den folgenden Jahren wurde er zum führenden Militär und Staatsmann des Westreiches, der – selten genug in dieser Zeit – niemals Zweifel an seiner Loyalität zum legitimen Kaiserhaus aufkommen ließ.

Während Gerontius den Usurpator Constantin III. in dessen Residenz Arles belagerte, erschien Fl. Constantius im südlichen Gallien; von seinen Truppen verlassen, floh der rebellische Heermeister und endete in Spanien von eigener Hand. Damit war der Osten der iberischen Halbinsel wieder unter der Kontrolle des Honorius, während die siegreichen Germanen die eroberten Gebiete unter sich aufteilten. Für die Bevölkerung des Landes änderte sich wenig – allenfalls wurde die Fremdherrschaft weniger drückend empfunden als die habgierige und korrupte römische Verwaltung.

Nach monatelanger Belagerung und der vernichtenden Niederlage eines Entsatzheeres kapitulierte Constantin III. in Arles (411); obwohl ihm Constantius Schonung zugesichert hatte, wurde er auf Befehl des Honorius hingerichtet. Die germanischen Verbündeten des Getöteten erhoben jedoch sofort einen neuen Gegenkaiser, den gallischen Adligen Jovinus; vor dessen Übermacht musste sich Constantius über die Alpen zurückziehen. In dieser Situation marschierten die Westgoten unter Athaulf in Gallien ein (412). Als Bündnisverhandlungen mit dem Usurpator ergebnislos verliefen, schlossen sie ein Foedus mit Honorius, das ihnen die Ansiedlung in Aquitanien gestattete; dafür beseitigten sie Jovinus.

Gleichzeitig scheiterte ein Aufstand des comes Africae Heraclianus gegen den legitimen Herrscher; Constantius war an der Niederwerfung der Erhebung nicht unmittelbar beteiligt, erhielt aber das konfiszierte Vermögen des Rebellen. Da durch diese Ereignisse die versprochenen Getreidelieferungen ausblieben, begann der Krieg mit den Westgoten erneut; Athaulf drang nach Narbonne vor und heiratete dort die gefangene Kaisertochter Galla Placidia (→Alarich). Nun drängte der römische Heermeister den Gegner durch die Sperrung der Getreidezufuhr nach Spanien ab, da fiel der gotische Herrscher einem Mordanschlag aus privatem Anlaß zum Opfer (415). Nachdem dadurch die persönliche Rivalität beseitigt war – auch Constantius hatte Gallas Hand begehrt – kam es im folgenden Jahr zum Frieden; der neue König Wallia vernichtete Alanen und Silingen und siedelte sein Volk als Foederaten in Gallien an. Galla Placidia kehrte in die Heimat zurück und wurde – gegen ihren Willen – mit Fl. Constantius vermählt (417); ihm gebar sie den späteren Kaiser Valentinian III. (→Aetius) sowie die skandalumwitterte Honoria (→Attila). Der siegreiche Feldherr reorganisierte nun Gallien und Italien; energisch griff er auch in innerkirchliche Streitigkeiten ein. Nachdem er dreimal das Konsulat bekleidet hatte – seit Jahrhunderten war eine solche Ehre nur den Herrschern selbst zuteilgeworden – erhob ihn Honorius zum Mitregenten (421). Da der Hof zu Konstantinopel die Anerkennung seiner neuen Würde verweigerte, rüstete Constantius zum Krieg gegen das Ostreich, starb aber noch im selben Jahr. Wie Aetius hat man auch ihn den „letzten Römer" genannt; tatsächlich hat er das Imperium aus einer schweren Krise gerettet und zum letzten Aufstieg seiner Geschichte geführt.

„In derselben Machtstellung wie einst Stilicho, aber anders als dieser wohl stets im vollsten Einvernehmen mit dem Kaiser, hat Constantius große staatsmännische und militärische Fähigkeiten bewiesen" (E. Stein).

Lit.: S. I. Oost, Galla Placidia Augusta. A biographical Essay, Chicago 1968
V. a. Sirago, Galla Placidia, Löwen 1961

Die Eroberung Germaniens:

Nero Claudius Drusus Germanicus (38–9 v. Chr.)

Siegreich drang er bis zur Elbe vor; dann erlag er einem tragischen Unfall, den die Legende später verklärte.

Es war einer der aufsehenerregendsten Skandale in der römischen Geschichte: Hochschwanger verließ Livia den adligen Gatten und zog in das Haus des Augustus. Für ihre Söhne Tiberius und Drusus bedeutete dies zunächst eine familiäre Tragödie – allerdings auch ungeahnte Karrierechancen, die den Älteren der Brüder dereinst selbst auf den Kaiserthron führen sollten. Nach dem Ableben des Vaters im Haus des Princeps erzogen, schlug der jüngere Sohn die traditionelle Ämterlaufbahn ein. Erste kriegerische Lorbeeren errang er gemeinsam mit seinem Bruder bei der Unterwerfung des nördlichen Alpenvorlandes (15 v. Chr.); die Einrichtung der Provinz Raetia schuf ein Glacis für das weitere Vordringen nach Germanien. Zur gleichen Zeit sicherte Augustus selbst Gallien und bereitete dadurch ebenfalls die Expansion nach Osten vor. Sein Ziel war vermutlich, die langgestreckte Rhein-Donau-Grenze durch die kürzere Linie von der Elbe zur Donau zu ersetzen und dadurch Truppen einzusparen.

Nachdem germanische Angriffe auf die gallischen Provinzen abgewehrt waren, eröffnete Drusus im folgenden Jahr die Offensive (12) und drang in das Gebiet der Usipeter, Friesen, Chauker, Cherusker, Chatten, Brukterer sowie weiterer Stämme ein; zur Unterstützung der Operationen wurden Kastelle (u. a. das westfälische Haltern) sowie die Fossa Drusiana zwischen Rhein und Nordsee angelegt. Schließlich erreichten die Legionen nach dreijährigem Krieg die Elbe; auf dem Rückweg erlitt der junge Heerführer bei einem Sturz seines Pferdes einen schweren Bruch des Unterschenkels; in Mainz erlag er den Folgen des Unfalls. Zahlreiche Monumente und Kenotaphe wurden für den Helden errichtet, darunter nach alter Überlieferung der „Eichelstein" an seinem Todesort (tatsächlich wurde der Verstorbene im Mausoleum des Augustus auf dem Marsfeld beigesetzt); durch den erblichen Beinamen „Ger-

manicus“ lebte der Ruhm seiner siegreichen Feldzüge in der Familie fort. Später bemächtigte sich die Legende des tragischen Geschehens: Eine Frauengestalt von übermenschlicher Größe habe dem weiteren Vordringen des jungen Feldherrn Einhalt geboten (s. u.), zahlreiche Vorzeichen sein nahes Ende angekündigt.
In den letzten Jahren wurden die Erfolge des Drusus angezweifelt, ihre Überhöhung der augusteischen Panegyrik zugeschrieben. Tatsächlich zeigte die weitere Entwicklung – bereits im folgenden Jahr unterwarf Tiberius alle Stämme zwischen Rhein und Elbe – dass seine Feldzüge ein Meilenstein auf dem Weg zur Eroberung Germaniens waren, bis die Katastrophe des Varus (→Arminius) das Werk der Vorgänger zunichtemachte.

„Wohin eilst du, unersättlicher Drusus…geh hinweg, denn das Ende deiner Taten und deines Lebens ist nahe“ (Dio 55,1,3).

Lit.: K. Christ, Drusus und Germanicus. Der Eintritt der Römer in Germanien, Paderborn 1956

Die „Schiefe Schlachtordnung“:

Epameinondas (gest. 362 v. Chr.)

Seine Siege begründeten die kurzlebige Vorherrschaft Thebens in Griechenland; die militärischen Neuerungen des genialen Feldherrn beeinflussten noch die Kriegführung Friedrichs d. Gr.

Der Königsfrieden (387/86 v. Chr.) zwischen dem Perserreich und den griechischen Staaten hatte die Hegemonie Spartas gefestigt; denn seine Autonomieklausel – alle Städte der Hellenen sollten „frei“ sein – ermöglichte dem Militärstaat, rigoros gegen jede neue Machtkonzentration vorzugehen. Den Vormarsch gegen das widerspenstige Olynth (auf der Halbinsel Chalkidike) nutzten seine Truppen, um widerrechtlich die Burg von Theben zu besetzen. Als einige Verschwörer ihre Stadt in einem Handstreich befreiten (379) und den Böotischen Bund erneuerten, begann jedoch die Vorherrschaft der Spartaner zu wanken. Auch Athen nutzte die Gunst der Stunde zur Wiederbegründung des Attischen Seebundes. Ein gesamtgriechischer Friedenskongress scheiterte; daraufhin begann der spartanische Straffeldzug gegen die Böotier. Entgegen allen Erwartungen endete er in der katastrophalen Niederlage der sieggewohnten Spartiaten bei Leuktra (Juli 371). Als entscheidend erwies sich dabei die Taktik des thebanischen Feldherrn Epameinondas: Er hielt seinen rechten Flügel zurück (daher spricht man von der „Schiefen Schlachtordnung"!) und massierte stattdessen – entgegen der jahrhundertealten Tradition der Hoplitenphalanx – seine Hauptstreitmacht mit der „Heiligen Schar" Thebens auf dem linken Flügel. Dessen unwiderstehlicher Stoß entschied die Schlacht; unter den zahlreichen Toten lagen auch der spartanische König sowie 400 (von 700) Vollbürgern – ein unersetzlicher Verlust; die Macht des Kriegerstaates war gebrochen.

Mit diesem Sieg begann die kurzlebige Hegemonie Thebens, die lediglich auf dem Wirken eines einzigen Mannes beruhte. Über das Leben des Epameinondas vor Leuktra ist wenig bekannt, an der Befreiung der Vaterstadt war er nicht beteiligt. Gleichsam aus dem Nichts taucht er auf und erweist sich als einer der bedeutendsten Heerführer der Geschichte. In den nächsten Jahren immer wieder zum Boiotarchen gewählt, marschierte er gegen die Peloponnes; die Neugründung eines unabhängigen Messenien (die Landschaft stand seit dem 8. Jh. unter spartanischer Herrschaft) bedeutete einen weiteren vernichtenden Schlag gegen die einstige Hegemonialmacht, deren Einflussbereich zunehmend eingeengt wurde. Auf den folgenden Feldzügen gewann der Heerführer weitere Städte für den Anschluss an Theben, sein Freund und Kampfgefährte Pelopidas erlangte die Unterstützung des persischen Großkönigs. Durch den Bau einer Flotte begründete Epameinondas zudem eine böotische Seemacht, die ein Bündnis mit Chios, Rhodos und Byzantion ermöglichte.

Auf seinem vierten Zug gegen die Peloponnes stieß er sogar bis auf die Agora von Sparta vor; dort erst zwangen ihn die rasch zurückgeeilten feindlichen Truppen, den Angriff abzubrechen. Kurz darauf kam es bei Mantineia zur Schlacht mit den Spartanern sowie ihren Verbündeten aus Athen, Achaia und Elis (362). Erneut siegten die Böotier mithilfe der Schiefen Schlachtordnung; durch die tödliche Verwundung ihres Feldherrn war der Erfolg jedoch

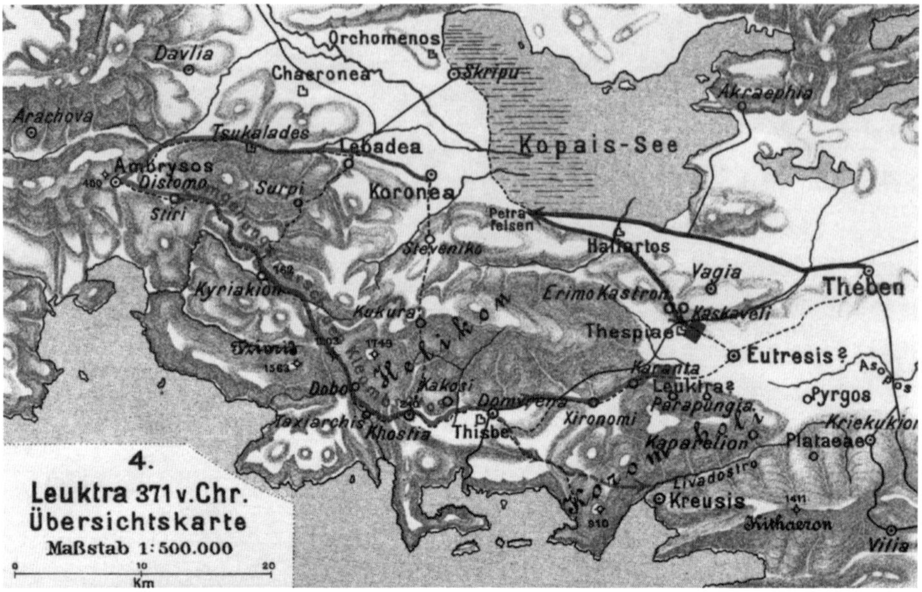

Schlacht bei Leuktra

teuer erkauft. Mit seinem Ableben endete die thebanische Vorherrschaft in Griechenland.

Bereits in der Antike war Epameinondas vielbewundert – die musischen und philosophischen Neigungen hoben ihn weit über das Niveau eines „normalen" Böotiers; auch seine Lebensführung galt als vorbildlich. Unbestritten gilt er bis heute als einer der bedeutendsten Feldherren des Altertums; die Abkehr vom frontalen Zusammenstoß der Hoplitenphalangen war revolutionär. Seine taktischen Neuerungen wurden vorbildhaft für →Philipp von Makedonien (der sie als Geisel in Theben kennenlernte) und →Alexander d. Gr., ebenso die in Hellas bisher unbekannte Niederwerfungsstrategie. Noch Friedrich d. Gr. wählte die Schiefe Schlachtordnung für seinen Angriff auf die weit überlegene österreichische Armee bei Leuthen (1757). Großes Geschick zeigte Epameinondas in der Menschenführung, etwa bei der klugen Ausnutzung des Aberglaubens von Volk und Soldaten. Freilich konnte auch er die zunehmende Zersplitterung Griechenlands nicht verhindern; vielmehr haben seine glänzenden – aber letztlich verhängnisvollen – Siege die beiden einzigen dauerhaft denkbaren Hegemonialmächte Athen und Sparta entscheidend geschwächt und dadurch den Weg bereitet für die Unterwerfung der Hellenen unter die makedonische Vorherrschaft.

„Denn vor seiner Zeit hatten die Thebaner keinen denkwürdigen Krieg geführt, und auch später waren sie eher durch Niederlagen als durch militärische Leistungen berühmt; daraus wird ersichtlich, dass der Ruhm ihrer Stadt mit ihm geboren wurde und erlosch" (Iust. 6,8).

Lit.: J. Buckler, The Theban Hegemony 371–362 BC, Cambridge 1980
M. Fortina, Epaminonda, Turin 1958

Der Zauderer:

Q. Fabius Maximus Verrucosus, gen. Cunctator (um 280–203 v. Chr.)

Mit seiner Abnützungsstrategie fand er nach mehreren verheerenden Niederlagen ein wirksames Mittel gegen das militärische Genie →Hannibals.

Die vernichtende Niederlage am Trasimenischen See hatte den Römern die überlegene Feldherrnkunst Hannibals deutlich vor Augen geführt. Wie seit Jahrhunderten üblich, übernahm in dieser kritischen Situation ein Dictator mit unbeschränkten Vollmachten den Oberbefehl (217 v. Chr.). Q. Fabius Maximus besaß hinreichende militärische Erfahrung: Er hatte alle hohen Staatsämter bekleidet und einen Triumph über die Ligurer gefeiert. Dem Genie des Karthagers war er freilich nicht gewachsen – und das wusste er genau! In offener Feldschlacht war der Gegner nicht zu bezwingen. Dagegen nahm die Kampfkraft seiner Truppen im Feindesland durch den alltäglichen Verschleiß des Krieges immer mehr ab, während die römischen Ressourcen von Tag zu Tag wuchsen. Daher entschloss sich Fabius zu einer „Abnützungsstrategie": Die Versorgung des punischen Heeres wurde durch die Vernichtung von Lebensmitteln und Futter erschwert, kleine Abteilungen überfallen und aufgerieben; zur Schlacht stellte sich der römische Feldherr hingegen nicht.

Hannibal tat nun alles, um ihn zu diskreditieren: Er verheerte weithin das offene Land – nicht aber die Besitzungen des Fabius. War dieser etwa ein Verräter, mochte sich manches schlichte Gemüt fragen. Schon bald zeigte sich der Erfolg; nach einem siegreichen Scharmützel wurde dem anscheinend untätigen Heerführer der bisherige Stellvertreter (Magister equitum) M. Minucius Rufus gleichberechtigt an die Seite gestellt. Dieser ließ sich schon bald in einen gegnerischen Hinterhalt locken und wurde nur durch das Eingreifen des Fabius vor der völligen Vernichtung bewahrt. Reumütig kehrte er unter das Kommando des Dictators zurück, der den Krieg bis zum Ende seiner Amtszeit mit den bewährten Mitteln fortführte – sehr zum Unwillen des Volkes und der meisten adligen Standesgenossen, vor allem aber Hannibals.
Das folgende Jahr bestätigte jedoch die Richtigkeit seiner Entscheidung; in dem Bestreben, den Krieg mit einem Schlag zu entscheiden, führte der neugewählte Konsul das römische Heer bei Cannae in die schlimmste Niederlage seiner bisherigen Geschichte. Danach verfolgte auch der Senat die bewährte Strategie des Fabius: Man bekämpfte die Verbündeten der Karthager in Italien, suchte auf den Nebenschauplätzen in Spanien und Sizilien die Offensive, bot aber Hannibal keine erneute Gelegenheit zu offener Schlacht. Noch mehrfach zum Konsul gewählt, errang der ehemalige Dictator weitere Erfolge; 209 eroberte er das abgefallene Tarent zurück. Allmählich wandte sich das Glück des Krieges den Römern zu; Fabius blieb freilich bis zuletzt vorsichtig und warnte vor der Absicht →Scipios, die Entscheidung in Afrika zu suchen. Den Ausgang des gewaltigen Ringens und den endgültigen Sieg über Karthago sollte er nicht mehr erleben; hochangesehen starb er ein Jahr vor der Schlacht bei Zama. Hatte man ihn anfangs als „cunctator“ (Zauderer) verspottet, so galt er nun als der „Schild Roms“, der zwar Hannibal nicht bezwungen hatte, aber selbst unbesiegt geblieben war; und durch mehr als zwei Jahrtausende bis in den heutigen Gymnasialalltag verkündet der Vers des Ennius seinen Ruhm:

„Únus homó nobís cunctándo réstituít rem“ – ein Mann hat uns durch sein Zaudern den Staat gerettet“ (Ennius ann. 363).

Lit.: J. Seibert, Hannibal, Darmstadt 1993

Der Anfang vom Ende:

Fritigern (gest. um 382 n. Chr.)

Mit seinem Sieg bei Adrianopel versetzte der gotische Heerführer dem Römischen Reich den tödlichen Schlag; nie wieder konnte sich das Imperium von der Niederlage erholen.

Das Vordringen der Hunnen nach Europa hatte im Donauraum gewaltige Völkerbewegungen ausgelöst. Unter dem Druck der Steppenkrieger bat ein Teil der Tervingen (später als West-, eigentlich Visigoten bezeichnet) den oströmischen Kaiser Valens um die Erlaubnis, die Reichsgrenze zu überschreiten (376 n. Chr.). Angeführt wurde diese Volksgruppe von Fritigern, der im Machtkampf mit dem christenfeindlichen „Richter" Athanarich selbst zum arianischen Glauben übergetreten war. Die Goten sollten in Thrakien siedeln, von den Erträgen ihrer Felder leben und das kaiserliche Heer verstärken. Doch schon bald wurden die neuen Untertanen von korrupten und geldgierigen Beamten in äußerste Not getrieben; um ihr Leben zu fristen, mussten sie die eigenen Kinder als Sklaven verkaufen. Daher kam es bereits im folgenden Jahr zu einer Empörung; von Not und Rachedurst getrieben, plünderten die Germanen die Balkanprovinzen. Nach einem ersten Sieg schlossen sich ihnen Sklaven und Verarmte an. Der römischen Armee gelang es zunächst, die Aufständischen in die Dobrudscha abzudrängen; ein Versuch, sie dort auszuhungern, scheiterte jedoch, da sie durch greutungische (ost-, eig. ostrogotische) Scharen verstärkt wurden. Furchtbar litten die wehrlosen Landschaften unter den verheerenden Raubzügen.
Lange Zeit hatte Valens die Gefahr unterschätzt; endlich ließ er die Hauptmacht des Ostreiches gegen die „Barbaren" aufbrechen, sein Neffe Gratian – der Kaiser des Westens – führte eine weitere Armee zur Unterstützung heran. Angeblich aus Eifersucht auf dessen jüngsten Triumph über die Alamannen – tatsächlich wohl eher, um den Verwüstungen ein rasches Ende zu setzen – stellte sich Valens am 9. August 378 bei Adrianopel zur Schlacht, ohne die Ankunft der Verstärkungen abzuwarten. Fritigern hatte zwar die verstreuten Scharen der Germanen gesammelt, wollte aber den Kampf vermeiden; sein

Versuch einer friedlichen Einigung scheiterte jedoch. In völliger Unterschätzung der numerischen Stärke des Gegners eröffneten die Römer die Schlacht; sie endete in einer Katastrophe. Der größte Teil ihres Heeres wurde eingeschlossen und vernichtet; auch der Kaiser zählte zu den Gefallenen.
Nach dem Sieg zeigten sich jedoch die Schwächen der germanischen Kriegführung; Angriffe auf befestigte Städte (gegen Fritigerns Rat unternommen) scheiterten. Der spanische Heermeister Theodosius (den Gratian schließlich zum Mitregenten erhob) vermochte die Feinde zunächst nach Norden zurückzudrängen; sie konnten jedoch ihre Angriffe immer wieder erneuern, eine endgültige Abwehr erwies sich als unmöglich. Daher kam es 382 zu einem folgenschweren Friedensvertrag: Den Goten wurden geschlossene Siedlungsgebiete auf dem Balkan zugewiesen; im Gegensatz zu dem früheren Vertrag blieben sie jedoch autonom und von Abgaben befreit. Sie leisteten zwar Heerfolge, allerdings unter den eigenen Anführern, nicht unter römischem Kommando. Ob Fritigern zu diesem Zeitpunkt noch lebte, ist nicht bekannt. Es war nicht die erste Ansiedlung von „Barbaren“ auf römischem Territorium; dennoch leitete das Abkommen die germanische Staatenbildung der Völkerwanderungszeit ein – und damit die Auflösung des Imperiums. Denn nach dem Tag von Adrianopel verfügte das Reich nicht mehr über eine nennenswerte eigene Armee und war daher auf die gotischen „Verbündeten“ angewiesen. Deren Loyalität blieb jedoch stets unsicher, wie die folgenden Jahre zeigen sollten (→Alarich). Auch die weitere militärische Entwicklung hat die Schlacht maßgeblich bestimmt: Der Angriff der schweren gotischen Kavallerie hatte das Ringen entschieden; gepanzerte Reiter sollten fortan für nahezu ein Jahrtausend die Schlachtfelder Europas beherrschen.

„Mit dieser Schlacht begann der Untergang des römischen Reiches“ (Rufinus h.e. 11,13).

Lit.: H. Wolfram, Geschichte der Goten, München 1980

Weichling oder Held?

P. Licinius Egnatius Gallienus (253–268 n. Chr., geb. um 218)

Nahezu ununterbrochen kämpfte er gegen äußere Feinde und rivalisierende Prätendenten; seine militärischen Reformen sollten maßgeblich zur Bewältigung der Reichskrise beitragen.

Mehr als zwei Jahrhunderte hatte das Imperium Romanum die Segnungen des Kaiserfriedens genossen; im 3. Jh. änderte sich jedoch die strategische Situation grundlegend: Die Germanen schlossen sich zu schlagkräftigen Stammesverbänden zusammen; im Osten wurde das neuentstandene Reich der Sassaniden zum gefährlicher Gegner. Unter den Angriffen der Feinde brach die Grenzverteidigung zusammen; mordend und plündernd ergossen sich die „Barbaren" über die unglücklichen Provinzen. Zu der äußeren Bedrohung gesellte sich das innere Chaos: Jeder siegreiche Heerführer wurde von seinen Truppen zum Herrscher ausgerufen, da man hoffte, er könne die Krise bewältigen; von 235 bis 284 n. Chr. wurden mehr als 60 „Soldatenkaiser" erhoben – nur zwei starben eines natürlichen Todes! Verzweifelt versuchten diese meist kurzlebigen Regenten, den Ansturm der auswärtigen Feinde abzuwehren und zugleich im Kampf gegen rivalisierende Prätendenten die Reichseinheit zu wahren, dabei stets von Meuterei und Verschwörung im eigenen Lager bedroht.
Auch Valerian war von den Legionen zum Augustus proklamiert worden (253). Während er selbst die östlichen Provinzen gegen den Perserkönig Schapur sicherte, übernahm sein Sohn Gallienus – zum Mitregenten erhoben –, die Verteidigung des Westens. Durch mehrere Siege über die Germanen stellte er die Grenzen an Rhein und Donau wieder her und wehrte einen Einbruch der Karpen in Dakien ab. Dann eilte er nach Italien und vernichtete ein alamannisches Heer vor den Mauern von Mailand (258); gleichzeitig warf sein Unterfeldherr Aureolus zwei Gegenkaiser nieder. Da erreichte ihn eine Schreckensmeldung: Valerian war in persische Gefangenschaft geraten (259).[15] Angesichts dieser einzigartigen Schande verhängte Gallienus über

den eigenen Vater die Damnatio memoriae – mit seinen Inschriften und Gesetzen wurde der schmachbeladene Herrscher aus dem Gedächtnis der Römer getilgt.
In dieser kritischen Situation usurpierte Postumus, der Befehlshaber der rheinischen Legionen, die Kaiserwürde und gewann Gallien, Spanien und Britannien für sich. Gallienus schlug zunächst die Goten und Roxolanen in Pannonien zurück und schaltete mehrere Prätendenten in Syrien und Ägypten aus, dann erst wandte er sich gegen den neuen Feind. Der Feldzug scheiterte jedoch durch Verrat sowie eine schwere Verwundung, die der Kaiser vor Trier erlitt (263/65). Dagegen gelang dem verbündeten Herrscher der syrischen Wüstenstadt Palmyra ein entscheidender Sieg über die Perser. Als „corrector totius Orientis" (Verwalter des gesamten Orients) durfte Odaenathus fortan den Osten des Reiches im Einvernehmen mit Gallienus regieren; der römische Amtstitel sollte verbergen, dass die östlichen Provinzen faktisch nicht mehr unter kaiserlicher Herrschaft standen. Das Imperium war in drei Teile zerfallen – das Gallische Sonderreich, Palmyra sowie einen mittleren Machtbereich, der Italien, Afrika und den Balkan umfasste.
Verheerende Einfälle der Germanen bis nach Griechenland und Kleinasien erforderten erneut das Eingreifen des Kaisers; sein letzter großer Sieg am Nestos über die Heruler rettete die Balkanprovinzen (267). Während er im folgenden Jahr den abtrünnigen General Aureolus in Mailand belagerte, fiel er einer Verschwörung der eigenen Offiziere zum Opfer. Dass er die längste Regierungszeit aller Soldatenkaiser[16] erreichte, verdankte er seinem militärischen Genie; bei den Truppen war er bis zuletzt höchst beliebt. Freilich hat eine hasserfüllte senatorische Geschichtsschreibung das Bild des Herrschers zur Fratze eines wollüstigen Weichlings entstellt; erst die moderne Historiographie hat die tatsächlichen Leistungen des Gallienus gewürdigt. Zukunftsweisend waren seine militärischen Reformen: Die Senatoren wurden von den hohen Kommandostellen ausgeschlossen; der Aufbau einer Reiterarmee als mobiler Eingreiftruppe an allen Fronten schuf die Voraussetzungen für die Bewältigung der Reichskrise; aus dem Generalstab des Kaisers – „seiner Schule" – gingen die Heerführer und Herrscher hervor, die später die Einheit des Imperiums erneuern sollten (→Aurelian).

„Staunenswert erscheint es, dass er sich trotz all der Schläge, die ihn rastlos trafen, sechzehn Jahre an der Macht behauptet hat“ (A. v. Domaszewski).

Lit.: A. Alföldi, Studien zur Geschichte der Weltkrise des 3. Jahrhunderts n. Chr., Darmstadt 1967
E. Manni, L'impero di Gallieno, Rom 1949

Der Retter Siziliens:

Gelon (gest. 478 v. Chr.)

Durch den epochalen Sieg bei Himera sicherte er für Jahrzehnte das westliche Griechentum vor der karthagischen Bedrohung.

Großgriechenland – so nannte die Antike das südliche Italien und Sizilien wegen der Bedeutung und des Reichtums seiner Städte. Wie im Mutterland wurden auch hier in der Zeit des Übergangs von der Adelsherrschaft zur Demokratie die Poleis zunächst von „Tyrannen“ – Machthabern ohne gesetzliche Legitimation – regiert. So hatte Hippokrates erst das sizilische Gela dem eigenen Willen unterworfen, danach Leontinoi (j. Lentini), Katane (j. Catania) u. a. Griechenstädte. Nach seinem Tod riss Gelon, der bisherige Befehlshaber der Reiterei, selbst die Herrschaft an sich (um 490 v. Chr.). Einige Jahre später bot sich ihm die Gelegenheit, den eigenen Einflussbereich entscheidend zu mehren. Die aristokratische Oberschicht von Syrakus, die Gamoren, war vom Volk und den hörigen Sikelern aus der Stadt vertrieben worden; ihren Hilferuf nutzte er, um auch hier die Regierung zu übernehmen. Im Gegensatz zu den meisten Tyrannen dieser Zeit stützte er sich auf die wohlhabenden Einwohner, ebenso auf zahlreiche Söldner, die mit dem Bürgerrecht beschenkt wurden und ihm so in der Volksversammlung die Mehrheit sicherten (485). Gelon baute die neue Residenz großzügig aus; sie wurde zur größten Stadt der griechischen Welt. Zudem vermehrte er das Heer und begründete eine Kriegsflotte, die später in der Schlacht vor Kyme die Seemacht der Etrusker brechen sollte (474). Im Bund mit seinem Schwiegervater Theron von Akragas (j. Agri-

Siegestempel auf dem Schlachtfeld von Himera

gent), dem Herrscher der zweitgrößten Griechenstadt auf der Insel, verhinderte Gelon eine Ausdehnung des punischen Machtbereiches.
Nur wenige Jahre später kam es zum Entscheidungskampf, denn bis zur Eroberung durch die Römer war Sizilien durch Jahrhunderte zweigeteilt; den östlichen Teil beherrschte Syrakus als Vormacht der Hellenen, den Westen die phönizischen Karthager. 480 brachte ihr Angriff das westliche Griechentum in tödliche Gefahr. Nach dem Bericht der antiken Historiker war das gleichzeitige Vorgehen der „Barbaren" – im selben Jahr führte der persische Großkönig Xerxes sein Heer gegen Hellas (→Leonidas und Themistokles) – koordiniert; tatsächlich genügt sicher das gutinformierte Spionagenetz der Karthager zur Erklärung: Man wusste, dass Syrakus keine mutterländische Hilfe zu erwarten hatte. Ein punisches Heer von angeblich 300.000 Mann[17] unter dem Schopheten Hamilkar landete bei dem karthagischen Hauptstützpunkt Panormos (j. Palermo) und begann, Theron im nahegelegenen Himera zu belagern. Für seinen Angriff auf die feindlichen Truppen nutzte Gelon eine List: Da er wusste, dass der Gegner eine berittene Abteilung aus dem verbündeten (wenn auch griechischen!) Selinunt erwartete, schickte er die eigene

Kavallerie zu einem der beiden punischen Lager; es gelang den Reitern, dort einzudringen und den karthagischen Feldherrn zu töten. Dagegen wurde die Hauptmacht der Feinde erst nach wechselvollem Kampf durch das Eingreifen Therons geschlagen – der Legende nach zu derselben Stunde, da die mutterländischen Griechen bei Salamis siegten.
Die folgenden Friedensverhandlungen bestätigten den territorialen Status quo; allerdings musste Karthago 2000 Talente als Kriegsentschädigung leisten (die ersten Reparationen der Geschichte). Die zahlreichen Gefangenen endeten in der Sklaverei; durch ihre Fronarbeit wuchsen in den siegreichen Städten herrliche Bauten als großartige Denkmäler des Triumphs empor – etwa das gigantische Heiligtum des Olympischen Zeus in Akragas sowie der Athena-Tempel von Syrakus (in den später der Dom S. Maria delle Colonne (!) eingefügt wurde); auch am Schlachtort wurde ein Heiligtum errichtet. Zwei Jahre später starb der Sieger von Himera, trotz des Odiums eines Tyrannen in der griechischen Welt hochverehrt; sein Bruder Hieron trat die Nachfolge an.

„Niemand vor ihm hatte so viele Barbaren in einer einzigen Schlacht getötet und so viele Kriegsgefangene gemacht" (Diodor 11, 22,6).

Lit.: A. Schenk v. Stauffenberg, Trinakria, München 1963

Der Blitz des Krieges:

Hamilkar Barkas (gest. 229/28 v. Chr.)

Trotz zähen Widerstandes im 1. Punischen Krieg besiegt, schuf er für Karthago eine neue Machtbasis im Süden Spaniens und ermöglichte damit seinem Sohn →Hannibal den Entscheidungskampf gegen Rom.

Mit dem gleichzeitigen Hilferuf der Mamertiner (→Agathokles) an Rom und Karthago hatte das gewaltige Ringen um den Besitz Siziliens und die Vorherrschaft über den westlichen Mittelmeerraum im 1. Punischen Krieg

(264–241 v. Chr.) begonnen. Wann Hamilkar erstmals in das Geschehen eingriff, bleibt umstritten; bisher konnte nicht geklärt werden, ob er mit einem Feldherrn gleichen Namens identisch war, der nach der Niederlage von Agrigent (261) erfolgreich den Oberbefehl auf der Insel führte und am Sieg über den römischen Konsul Regulus bei Tunes beteiligt war. In jedem Fall verheerte er seit 247/46 mit seiner Flotte die Küsten Süditaliens; drei Jahre lang griff er von einer nahezu uneinnehmbaren Position auf dem Mons Heirkte (j. Monte Pellegrino) das nahegelegene Panormos an. Danach besetzte er die verlassene Siedlung auf dem Felskegel des Eryx, der das westliche Sizilien beherrschte; seine Stellung lag auf halber Höhe, umklammert von der römischen Besatzung auf dem Gipfel (wo sich der hochverehrte Tempel der Venus Erycina erhob) und den gegnerischen Truppen in der Ebene. Von dort führte der „Blitz" (Barkas) einen erfolgreichen Kleinkrieg gegen den Feind; da die karthagischen Söldnerheere in offener Feldschlacht den Legionen nicht gewachsen waren, blieb dies die einzige erfolgversprechende (und mögliche) Strategie. Solange Hamilkar diesen Stützpunkt behauptete und die punischen Seestreitkräfte seine Versorgung gewährleisteten, war der Besitz Siziliens für die Römer ungesichert. Nach der vernichtenden Niederlage der letzten karthagischen Flotte bei den Ägatischen Inseln wurde die Stellung des Barkiden jedoch unhaltbar; er selbst handelte mit dem siegreichen Gegner die Bedingungen für einen Friedensschluss aus, der die Insel den Römern überlieferte (241).

Nach der Rückkehr in die Heimat erwartete ihn bereits der nächste Waffengang: Als versprochene Belohnungen ausblieben, erhoben sich dort die erbitterten Söldner der Karthager; da die Handelsmetropole über kein eigenes Bürgerheer verfügte, geriet sie in tödliche Gefahr. Nach wechselvollen Kämpfen wurden die Aufständischen niedergeworfen (241/38). Auf beiden Seiten wurde der Krieg mit äußerster Grausamkeit geführt; das blutige Geschehen schildert G. Flaubert in seinem Roman „Salambo" (1862).

Danach begann Hamilkar, den punischen Einfluss auf das südliche Spanien auszuweiten, um seiner Vaterstadt als Ersatz für das verlorene Sizilien eine neue Machtbasis zu gewinnen; denn das Land besaß wertvolle Silberminen und war zudem ein geeignetes Rekrutierungsgebiet. Die römische Überlieferung unterstellte ihm dabei die Absicht, die Insel durch einen erneuten Krieg zurückzugewinnen. Tatsächlich hatte jedoch die rechtswidrige Annexion des karthagischen Sardinien – mitten im Frieden! – gezeigt, dass Rom seine Überlegenheit bedenkenlos ausnutzen konnte (und würde!). Der Barkide wollte diesen Zustand der Wehrlosigkeit und Erpreßbarkeit beenden. Mehrere Stämme wurden unterworfen und mit Akra leuke (j. Alicante) ein wichtiger Stützpunkt angelegt. Den mißtrauischen Römern gab Hamilkar geschickt vor, die Eroberungen dienten lediglich dazu, die im Friedensvertrag festgesetzte Kriegsentschädigung aufzubringen. Der „zweite Mars" (Livius) fiel bei der Belagerung von Helike (j. Elche) im Kampf gegen die Orisser; sein Schwiegersohn Hasdrubal trat die Nachfolge an, nach dessen Ermordung der eigene Sohn Hannibal. Diese Form der Sukzession – ohne Mitwirkung der karthagischen Verfassungsorgane – zeigt deutlich: Hamilkar hatte nicht nur seinem Volk ein neues Kolonialreich geschaffen, sondern auch der eigenen Familie eine erbliche – herrscherähnliche! – Machtstellung.

„Hamilkar ist…fast noch größer als sein Sohn: die ganze Geschichte kennt nicht wieder Vater und Sohn, die so ausnehmend groß in einer Kunst gewesen sind wie diese zwei, zum Feldherrn muss man geboren sein wie zum Maler und zum Künstler" (B. Niebuhr).

Lit.: W. Huß, Geschichte der Karthager, München 1985
J. Seibert, Forschungen zu Hannibal, Darmstadt 1993

Vor den Toren Roms:

Hannibal (247/6–183 v. Chr.)

Durch den glänzenden Sieg bei Cannae brachte er Rom an den Rand der Niederlage; letztlich erlag er jedoch der materiellen Übermacht des Gegners.

Im 1. Punischen Krieg war Rom zur dominierenden Macht des westlichen Mittelmeerraumes aufgestiegen. Um den Verlust Siziliens zu kompensieren, hatte →Hamilkar Barkas mit dem Aufbau eines karthagischen Kolonialreiches in Spanien begonnen, das reiche Silbergruben und kriegerische Stämme zur Rekrutierung von Söldnern aufwies. Nach dem Schlachtentod des Heerführers hatte sein Schwiegersohn Hasdrubal das Werk fortgeführt. Angesichts eines drohenden Krieges mit den oberitalischen Kelten konnten die Römer den punischen Machtzuwachs zunächst nicht verhindern. Daher grenzten sie in einem Vertrag mit dem karthagischen Feldherrn die Interessensphären beider Mächte mit der Ebrolinie ab.[18]

Nach Hasdrubals Ermordung wurde Hamilkars Sohn Hannibal vom Heer zum Nachfolger erhoben, der sich bereits auf den spanischen Feldzügen ausgezeichnet hatte (221 v. Chr.). Durch Volksbeschluss in seiner Stellung bestätigt, erweiterte er erfolgreich den punischen Einflussbereich. Die wachsende Macht Karthagos beunruhigte jedoch die Römer, die inzwischen die Keltengefahr gebannt hatten. Um die punische Herrschaft zu untergraben, brachten sie durch einen Putsch in Sagunt ihre eigenen Parteigänger an die Regierung; diese griffen die benachbarten Verbündeten der Karthager an. Nahm Hannibal dies hin, dann vermochte er offenbar seine Untertanen nicht zu schützen; griff er hingegen ein, bot er Rom einen (wenngleich völkerrechtlich höchst fragwürdigen) Kriegsgrund. Der junge Heerführer hatte tatsächlich keine Wahl, wenn er nicht widerstandslos die politische Handlungsfähigkeit der Vaterstadt preisgeben wollte: Er eroberte Sagunt und löste dadurch das entscheidende Ringen um die Vorherrschaft über den Mittelmeerraum im 2. Punischen Krieg aus (218-201).[19]

Da er erkannt hatte, dass die Römer – wenn überhaupt – nur in Italien selbst entscheidend geschlagen werden konnten, führte Hannibal seine Truppen über Ebro und Rhône durch Gallien. Danach überschritt er die Alpen und stand überraschend im Feindesland. Der Marsch durch das unwegsame Gebirge war eine organisatorische Meisterleistung, die dabei angeblich aufgetretenen ungeheuren Verluste an Soldaten und Elefanten eine spätere legendäre Übertreibung. Ein erstes Gefecht am Ticinus zeigte die Überlegenheit der punischen Reiterei; nun schlossen sich die oberitalischen Keltenstämme den Karthagern an. Gegen Ende des Jahres siegte Hannibal erneut an der Trebia; nach der Schlacht entließ er die kriegsgefangenen römischen Verbündeten in die Freiheit; sie sollten in ihren Heimatstädten für den Abfall von Rom werben (218).

Schlachtfeld von Cannae

Im folgenden Frühling führte er sein Heer durch den Appennin und die Arnosümpfe nach Mittelitalien; dass er dabei durch Krankheit ein Auge verlor, begründete den Mythos des einäugigen Feldherrn, der bis zu M. Dayan weiterwirken sollte. Am Trasimenischen See vernichtete er die Legionen des Konsuls C. Flaminius in einem meisterhaften Hinterhalt. Danach gelang ihm kein weiterer durchschlagender Erfolg, da der römische Dictator →Q. Fabius Maximus eine offene Feldschlacht vermied. Auch wenn dieser wegen seiner hinhaltenden Kriegführung als „Cunctator" (Zauderer) verspottet wurde, zeigte er doch, wie man dem überlegenen Feldherrngenie Hannibals begegnen musste. Denn wie jeder Heerführer im fremden Land musste der Karthager eine rasche Entscheidung anstreben, da seine Truppen durch natürliche Verluste immer mehr geschwächt wurden, die des Feindes dagegen aufgrund der heimischen Ressourcen ständig anwuchsen (und zudem allmählich aus ihren Fehlern lernten).

Einer der beiden Konsuln des nächsten Jahres beherzigte diese Lehren freilich nicht; C. Terentius Varro war entschlossen, den Krieg mit einem Schlag zu beenden, und stellte sich bei dem apulischen Cannae zur Schlacht (2. 8. 216). Das dicht massierte römische Fußvolk sollte das feindliche Zentrum durchbrechen und drängte es auch tatsächlich zurück. Dabei wurde es allerdings von den seitlich aufgestellten karthagischen Schwerbewaffneten an den Flanken angegriffen. Zugleich schlug die überlegene punische Kavallerie die römischen Reiter in die Flucht und fiel danach dem Feind in den Rücken; es folgte ein gnadenloses Gemetzel an den eingeschlossenen Römern. Erstmals in der Kriegsgeschichte hatte ein zahlenmäßig weit unterlegenes Heer den Gegner eingeschlossen und vernichtet (50.000 : 80.000 Mann).[20] Perfekt geplant und durchgeführt, gilt Cannae bis heute als vollkommenes Beispiel einer Umfassungsschlacht, ihr Mythos wirkt noch in das 20. Jh. nach.

Bis in die heutige Zeit hat man dem siegreichen Feldherrn vielfach vorgeworfen, dass er in dieser Situation nicht den entscheidenden Angriff auf Rom unternahm; sein Reiterführer Maharbal habe ihn getadelt: „Zu siegen verstehst du, Hannibal, nicht aber, den Sieg zu nutzen". Tatsächlich hatte er jedoch nie beabsichtigt, die Tiberstadt zu vernichten; dies geht aus dem überlieferten Entwurf einer „Nachkriegsordnung" hervor: Karthago sollte Sizilien und Sardinien (und damit die frühere Stellung im westlichen Mittelmeer) zurückgewinnen, die süditalischen Griechenstädte sowie die Keltenstämme der Poebene ihre Unabhängigkeit wiedererlangen, Rom als Ordungsmacht in Mittelitalien erhalten bleiben. Zudem führte der karthagische Feldherr den Kampf in der Tradition der hellenistischen Welt (vergleichbar den europäischen Kabinettskriegen des 17./18. Jhs.); dabei war es üblich, nach einer derartigen Reihe von Niederlagen, um Frieden nachzusuchen und diesen zu erträglichen Bedingungen zu erlangen. Rom stand dagegen in einem totalen Krieg – es gab nur Triumph oder Untergang. Angesichts seiner gewaltigen numerischen Überlegenheit (nach Polybios verfügten die Römer zu Kriegsbeginn über 770.000 Mann!) war demnach ein Sieg Hannibals überhaupt nicht möglich – auf die Dauer musste ihn die bloße Masse erdrücken![21]

Nach der Schlacht bei Cannae errang der punische Heerführer weitere Erfolge; das reiche Capua trat auf die Seite Karthagos, mehrere Städte Süditaliens wurden erobert, Makedonien und Syrakus schlossen sich dem antirömischen Bündnis an. Aber ein weiterer entscheidender Schlag blieb ihm verwehrt: Die gegnerischen Truppen stellten sich dem überlegenen Genie nicht mehr zur offenen Schlacht, sein Heer verschliss sich zunehmend in einem nutzlosen Kleinkrieg. Dagegen ergriff Rom auf den anderen Kriegsschauplätzen die Initiative: Syrakus fiel nach langer Belagerung, in Spanien errang der junge →Scipio erste Erfolge. Als auch Capua eingeschlossen wurde, führte der punische Feldherr seine Truppen gegen Rom. Dort erscholl der Schreckensruf „Hannibal ad portas“; die feindlichen Heerführer erkannten jedoch das Ablenkungsmanöver und ließen sich nicht von der Belagerung abbringen (211). Nach dem Verlust der wichtigsten verbündeten Stadt sah sich der Karthager auf den Süden Italiens zurückgedrängt. Nochmals versuchte sein Bruder Hasdrubal das Glück zu wenden; er führte eine Armee aus Spanien heran, um sich mit den Truppen Hannibals zu vereinigen. Mit seiner vernichtenden Niederlage am Metaurus (207) war der Krieg entschieden. Als Scipio in Nordafrika landete und Karthago bedrohte, wurde der Sieger von Cannae zurückberufen. Nachdem Verhandlungen mit dem römischen Heerführer gescheitert waren, kam es bei Zama zur Entscheidungsschlacht (202); erstmals wurde Hannibal geschlagen und riet nun selbst zum Frieden.

In den folgenden Jahren widmete er sich der Reform des punischen Staates; deswegen von den innenpolitischen Gegnern in Rom verleumdet, musste er zu →Antiochos III. fliehen. In dessen Krieg gegen die Römer blieb sein Rat freilich ungehört; Hannibal wurde zu einem Flottenkommando abgeschoben

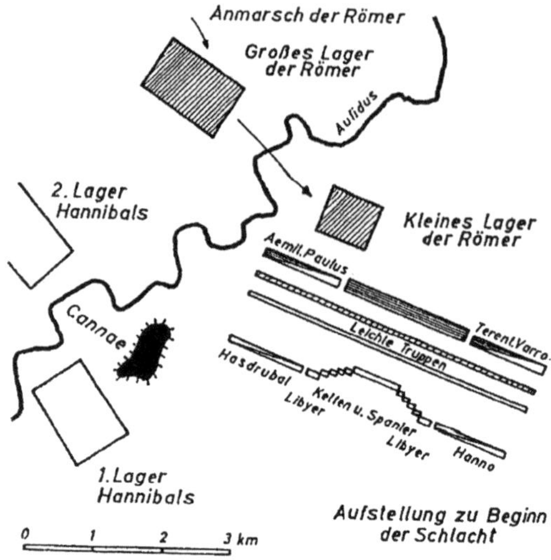

Schlacht bei Cannae

und unterlag der rhodischen Seemacht bei dem kleinasiatischen Side. Schließlich setzte er seinem Leben am Hof des Königs Prusias von Bithynien durch Gift ein Ende, um der Auslieferung an die Römer zu entgehen.
Bereits in der Antike genoss das militärische Genie des Karthagers höchste Bewunderung – die taktische Meisterschaft ebenso wie das geschickte Ausnutzen des Geländes und die einzigartige Menschenführung (in seinem heterogenen Heer gab es nicht eine Meuterei!). Als erster Feldherr führte er die Truppen von hinten, nicht – wie →Alexander oder →Pyrrhos – in vorderster Linie; damit gewann er eine bis dahin unbekannte Übersicht über das Kampfgeschehen und wurde zum Vorbild für Jahrtausende. Auch der römische Hass auf den Mann, der ihren Staat an den Rand der Niederlage gebracht hatte, konnte dieses Bild nicht verdunkeln; bis in unsere Zeit gilt Hannibal als einer der bedeutendsten Feldherren der Geschichte.

„Wer könnte diesem Mann die Bewunderung versagen – für seine Feldherrnkunst, Tapferkeit und militärischen Fähigkeiten“ (Pol. 11,19).

Lit.: J. F. Lazenby, Hannibal's War. A Military History of the Second Punic War, Warminster 1978
J. Seibert, Hannibal, Darmstadt 1993

Der „Abtrünnige":

Flavius Claudius Iulianus „Apostata" (361–363 n. Chr., geb. 331)

Der letzte altgläubige Kaiser Roms konsolidierte die Grenzen an Rhein und Euphrat; der hochbegabte Herrscher fiel in einem unbedeutenden Gefecht gegen die Perser.

Nach dem Tod →Constantins d. Gr. wurde das Römische Reich erneut durch blutige Thronstreitigkeiten unter seinen Söhnen sowie eine Kette von Usurpationen zerrissen; aus den mehrjährigen Kämpfen war Constantius II. als Alleinherrscher hervorgegangen. Den Niedergang des Imperiums nutzten die auswärtigen Feinde: Der Osten wurde von den Sassaniden bedroht, germanische Scharen fielen in Gallien ein, dessen Verteidigung durch den Abzug von Truppen für die Bürgerkriege geschwächt war; ihre Erfolge gipfelten in der Eroberung von Köln durch die Franken. In dieser kritischen Situation entsandte Constantius seinen Vetter Julian als „Abbild" der kaiserlichen Macht und mit der Würde eines Caesars in die westlichen Provinzen (355 n. Chr.); die Anwesenheit eines (wenngleich lediglich nominellen) Herrschers sollte der Gefahr einer weiteren Usurpation entgegenwirken. Erst als der junge Mann unerwartete Fähigkeiten zeigte – bisher hatte er lediglich philosophische Studien betrieben – erhielt er weiterreichende Befugnisse.
Unermüdlich eignete sich Julian militärische und administrative Kenntnisse an und widmete sich zugleich tatkräftig seinen neuen Aufgaben; Köln wurde zurückerobert, die Germanen aus Gallien vertrieben. Obwohl der Heermeister Barbatio, den ihm Constantius zur Seite gestellt hatte, aus persönlicher Abneigung Erfolge des Caesars zu behindern suchte, erfocht dieser bei Straßburg (357) einen glänzenden Sieg über die Alamannen; ihr König Chnodomar geriet in römische Gefangenschaft. Mehrfach drang Julian über den Rhein vor und zwang die feindlichen Stämme, Kriegsentschädigungen zu leisten. Nach dreijährigem Kampf war die Grenze gesichert, zudem konnten die Lasten für die Provinzbevölkerung gesenkt werden.

Unter dem wachsenden persischen Druck, aber wohl auch aus Misstrauen wegen der Erfolge des Caesars, befahl ihm Constantius, einen Teil der gallischen Truppen in den Osten zu überstellen. Vor dem geplanten Abmarsch riefen diese jedoch Julian in Paris zum Augustus aus – gegen seinen Willen, wie er (wenig glaubhaft) beteuerte (360). Denn er war durchaus ehrgeizig und hasste zudem den älteren Vetter, den er für die Ausrottung nahezu der gesamten Familie Constantins – auch seines eigenen Vaters – verantwortlich machte. Die Bitte des Cousins um Anerkennung der neuen Würde lehnte Constantius ab; der unerwartete Tod des Kaisers ersparte dem Reich einen weiteren Bürgerkrieg, denn er bestimmte sterbend den Rivalen zum Nachfolger.

Nun widmete sich der neue Alleinherrscher einem umfassenden Reformprogramm; vor allem versuchte er, das verhasste Christentum zurückzudrängen und den traditionellen Götterkult zu erneuern, dem er bereits seit langem heimlich anhing. Diesem Kampf verdankte er den schmähenden Beinamen des „Abtrünnigen"; als letzter altgläubiger („heidnischer") Kaiser ist er in die Geschichte eingegangen, jedoch weniger durch seine militärischen und politischen Leistungen.

Obwohl der persische König Schapur um Frieden nachsuchte, plante Julian die Ostgrenze durch einen erfolgreichen Feldzug zu sichern. Ein Teil der römischen Armee stieß zur Ablenkung gegen Armenien vor, während er selbst die Hauptmacht nach Babylonien führte. Vor der sassanidischen Residenzstadt Ktesiphon errang er einen glänzenden Sieg, dann wandte er sich nach Norden, da die zweite Heeressäule auf starken Widerstand gestoßen war. Hitze, Mangel und ständige Angriffe der feindlichen Reiterei erschwerten den Vormarsch. In einem der zahlreichen kleinen Gefechte wurde der Kaiser bei Maranga tödlich verwundet; mit ihm erlosch die Dynastie Constantins d. Gr. Sein schwächlicher Nachfolger Jovian schloss ohne Not mit den Sassaniden einen Schmachfrieden, der römisches Gebiet den Persern überlieferte.

Nicht nur als Staatsmann und Heerführer, auch als Literat zählt Julian zu den großen Persönlichkeiten der Spätantike; durch seine Schriften ist er uns so vertraut wie wenige Gestalten der Geschichte. Daher hat er immer wieder die Nachwelt in den Bann gezogen – von Hans Sachs bis Friedrich Schiller, von Henrik Ibsen bis Nikos Katzantzakis.

„Seine Tapferkeit bezeugen die zahlreichen Gefechte, die militärische Erfahrung und die Ausdauer in Hitze und Kälte...die Kenntnis des Kriegswesens viele wohlbekannte Tatsachen“ (Amm. 25, 4, 10f.).

Lit.: J. Bidez, Julian der Abtrünnige, München 1940
R. Browning, The Emperor Julian, London 1975
J. Geffcken, Kaiser Julianus, Leipzig 1914

Siegreich zu Wasser und zu Lande:

Kimon (um 510–450 v. Chr.)

Seine Erfolge befreiten Hellas endgültig von der persischen Bedrohung; dennoch verfiel auch er dem Undank der Athener.

Durch den Sieg bei Salamis (→Themistokles) war die persische Gefahr gebannt und Athen gleichberechtigt neben die alte Hegemonialmacht Sparta getreten. Unter seiner Führung entstand ein Bund von zahlreichen griechischen Städten, v. a. auf den Inseln und in Kleinasien; durch die Dominanz der Großmacht Athen wurde allerdings aus der freiwilligen Kampfgemeinschaft allmählich ein attisches Reich, das mit harter Hand zusammengehalten wurde. Erfolgreich setzte der Seebund den Krieg gegen das Achämenidenreich fort; die führende Persönlichkeit dieser Jahre war Kimon, der Sohn des →Miltiades. Von dem radikalen Demokraten Themistokles unterschied er sich in nahezu jeder Hinsicht: Der konservative Adelsherr war den Spartanern freundschaftlich verbunden; dennoch führte er die Politik des Siegers von Salamis fort, dessen Flottenbauprogramm er von Anbeginn vorbehaltlos unterstützt hatte.
Zwei Jahre nach der Schlacht zum Strategen gewählt, beseitigte er zunächst nach erbitterten Kämpfen die letzten Stützpunkte der Perser auf europäischem Boden und festigte die attische Seeherrschaft in der Ägäis. Bei der Eroberung der Insel Skyros gelang ihm zudem ein propagandistischer Erfolg: Angeblich mit göttlicher Hilfe fand er die sterblichen Überreste des atheni-

schen Gründungsheros Theseus – wahrscheinlich handelte es sich tatsächlich um prähistorische Gebeine – und führte sie auf Weisung des Delphischen Orakels in die Vaterstadt zurück. Wohl im Jahr 468 v. Chr. schlug Kimon am selben Tag Flotte und Heer der Perser am Eurymedon (nahe dem heutigen Antalya). Damit stand er auf dem Höhepunkt seiner militärischen Laufbahn; die Herrschaft der Athener im östlichen Mittelmeer war endgültig gesichert. Danach eroberte er das vom Seebund abgefallene Thasos zurück, dann aber begann sein Stern zu sinken. Ein schweres Erdbeben hatte Sparta völlig zerstört, Heloten und Messenier die Schwäche des Kriegerstaates zum Aufstand genutzt. Um Unterstützung gebeten, führte Kimon ein Hilfskorps auf die Peloponnes; die Truppen wurden jedoch nach Hause geschickt, ohne in die Kämpfe eingreifen zu können. Diese Demütigung Athens besiegelte das politische Schicksal des Feldherrn; im folgenden Jahr wurde er ostrakisiert (461). Danach überspannte seine Vaterstadt jedoch ihre militärische Macht; gleichzeitig unterstützte sie einen Aufstand der Ägypter gegen die verhasste persische Fremdherrschaft (das Unternehmen endete in einem Fiasko), belagerte die rivalisierende Seemacht Ägina und kämpfte in Mittelgriechenland gegen Korinth und Sparta sowie die Böotier. In dieser kritischen Situation wurde Kimon vorzeitig aus der Verbannung zurückberufen und erreichte durch seine guten Beziehungen einen Waffenstillstand mit den Spartanern. Danach erneuerte er den Perserkrieg und führte eine starke Flotte gegen Zypern, starb aber während der langwierigen Belagerung von Kition. Nach dem Tod ihres Feldherrn erfochten die Athener bei Salamis (auf Zypern) einen glänzenden Sieg zu Wasser und zu Lande; im nächsten Jahr endete der Krieg gegen das Achämenidenreich durch den „Kallias-Frieden" (dieser Vertrag zählt zu den wichtigsten ungeklärten Fragen der hellenischen Geschichte; seit der Antike ist seine Historizität umstritten). Jedenfalls wurden die Kampfhandlungen eingestellt; die Griechenstädte Kleinasiens erlangten ihre Unabhängigkeit (einige blieben freiwillig unter achämenidischer Oberhoheit); eine entmilitarisierte Zone von drei Tagesmärschen schützte sie vor einem Überraschungsangriff; die Ägäis galt als attisches Gewässer. Griechenland war endgültig von der persischen Bedrohung befreit; in den folgenden Jahrzehnten sollte Athen nicht nur die See beherrschen, sondern auch zum bedeutendsten Kulturzentrum des Altertums aufsteigen.

„Kimon bekrönte Griechenland an einem Tag mit den Trophäen einer Land- und Seeschlacht und verdient daher einen gewissen Vorrang unter den Feldherren“ (Plut. Comp. Cim. Luc. 2).

Lit.: G. Lombardi, Cimone, Rom 1934
M. Steinbrecher, Der delisch-attische Seebund und die athenisch-spartanischen Beziehungen in der Kimonischen Ära, Stuttgart 1985

Gründer eines Weltreiches:

Kyros der Große (559–529 v. Chr.)

Durch die Niederwerfung der benachbarten Völker begründete er das bis dahin größte Imperium der Geschichte und sicherte es durch seine politische Klugheit.

Im 7. Jh. v. Chr. hatten die iranischen Meder die assyrische Fremdherrschaft abgeschüttelt und ein eigenes Großreich begründet, das sich bis nach Kleinasien erstreckte; gemeinsam mit den Babyloniern hatten sie später das Imperium der einst unüberwindlichen Militärmacht (→Assurnasirpal II. und →Tiglatpilesar III.) vernichtet (612). Unter ihrer Herrschaft standen auch die stammverwandten Perser; diese erhoben sich jedoch unter ihrem König Kyros.[22] Durch dessen Sieg bei Pasargadai (550/49) veränderten sich die ursprünglichen Machtverhältnisse grundlegend: Nun waren die Perser das erste Reichsvolk, die Meder blieben allerdings stets hervorgehoben unter den zahlreichen niedergeworfenen Völkerschaften. Gegen die aufstrebende Großmacht der Achämeniden verbündete sich der lydische König Kroisos (der durch seinen Reichtum bis heute als „Krösus“ sprichwörtlich blieb) mit Ägypten und Babylon sowie den Spartanern. Ermutigt durch einen Spruch des Delphischen Orakels – wenn er den Grenzfluß Halys (Kizil Irmak) überschreite, werde er ein großes Reich zerstören – eröffnete er den Krieg und fiel plündernd in Kappadokien ein. Aber noch ehe seine Bundesgenossen eingreifen konnten, war das Ringen bereits entschieden; bei Pteria besiegt, wurde Kroisos bis in die lydische Residenz Sardeis verfolgt und die Stadt nach vierzehn Tagen erobert (547/46). Nun fiel ganz Kleinasien – auch die Griechenstädte an der Küste – den Persern zu. Dasselbe Schicksal traf wenige Jahre später Babylonien; nach der Schlacht bei Tišri wurde die Hauptstadt kampflos eingenommen; geschickt nutzte Kyros dabei religiöse Konflikte in dem mesopotamischen Land (539/38). Den Juden, die seit fast 50 Jahren in der „Babylonischen Gefangenschaft" lebten, gestattete er die Rückkehr in die Heimat sowie den Wiederaufbau ihres Tempels. Überhaupt zeigte sich der neue „Großkönig" in Glaubensfragen tolerant; er beließ den Unterworfenen ihre Sitten und Institutionen und trat lediglich die Nachfolge der besiegten Herrscher an; erst Dareios I. (522–486) hat dem Reich eine neue staatliche Struktur gegeben. Ungewöhnlich milde behandelte der siegreiche Kyros auch die feindlichen Fürsten: Astyages wurde geschont, Nabona'id von Babylon gar mit der Verwaltung von Karmanien betraut. Das Schicksal des Kroisos ist unterschiedlich überliefert, doch berichten die – freilich legendär verklärten – griechischen Quellen, er habe noch lange als Ratgeber am persischen Hof gewirkt.

In den letzten Jahren unterwarf der König den gesamten Iran; er fiel im Kampf gegen zentralasiatische Nomaden (die antiken Historiker nennen unterschiedliche Stämme) und wurde in Pasargadai beigesetzt, wo er einst den entscheidenden Erfolg über die Meder erfochten hatte. In tiefer Verehrung für den bedeutendsten Eroberer der Geschichte (vor dem eigenen Siegeszug durch Asien) besuchte Alexander sein Grabmal und ließ es nach einer Plünderung wiederherstellen. Große Bewunderung fand der Achämenide auch bei den griechischen Schriftstellern; Xenophon hat ihn in der „Kyrupädie" zum Idealherrscher verklärt. Letztlich wissen wir nur wenig Gesichertes über seinen Aufstieg, auch die siegreichen Feldzüge sind lediglich in dürren Notizen überliefert. Dass er aber vom Vasallenfürsten der Meder zum Gründer des bis dahin mächtigsten Imperiums der Weltgeschichte aufstieg (zudem – im Gegensatz zu Alexander – eines dauerhaften!), beweist auch ohne Kenntnis der Details – durch die bloße Macht der historischen Tatsachen – seine außergewöhnlichen militärischen und politischen Fähigkeiten.

„...die überragende Bedeutung seiner Persönlichkeit spricht...aus seinen Taten und dem Werk, das er geschaffen hat. Sie zeigen, dass er nicht nur ein tüchtiger Feldherr gewesen sein muß, sondern auch ein umsichtiger Organisator und Staatsmann“ (Ed. Meyer).

Lit: A. T. Olmstead, A History of the Persian Empire, Chicago 1948
H. H. Schaeder, Das persische Weltreich, Breslau 1941

Opfermut:

Leonidas (488–480 v. Chr.)

Sein Heldentod an den Thermopylen ermöglichte die Rettung Griechenlands und machte den König zu einem der berühmtesten Beispiele von Opfermut in der Geschichte.

Der Angriff des persischen Großkönigs Xerxes – die Fortführung des Rachefeldzuges von Marathon (→Miltiades), nun freilich mit dem Ziel, ganz Hellas zu unterwerfen – bedeutete eine tödliche Gefahr für Griechenland. Natürlich haben die antiken Historiker die feindliche Truppenstärke weit übertrieben (Herodot kommt auf eine Gesamtzahl von – incl. Troß – 5.283.220 Personen!), aber auch die von der modernen Forschung geschätzten 100.000 Mann waren das größte Heer, das Europa bisher gesehen hatte, zudem unterstützt von einer mächtigen Flotte. Nachdem sich eine Abwehrstellung im thessalischen Tempetal als unhaltbar erwiesen hatte, beschlossen die Griechen, den Feind an den Thermopylen zu erwarten. Dort bildete eine Straßenenge zwischen Gebirge und Meer den einzigen Zugang nach Mittelgriechenland (v. a. nach Athen); daneben bot der schmale Sund zwischen dem Festland und der Insel Euböa sicheren Schutz für die griechische Flotte; zu Wasser und zu Lande sollte der Gegner hier aufgehalten werden.
Im Juli 480 v. Chr. besetzte der spartanische König Leonidas den Engpass mit einer durchaus hinreichenden Streitmacht von etwa 7000 Mann (erst die spätere Verklärung des Helden sah darin lediglich einen zum Untergang bestimmten „verlorenen Haufen“). Die Flotte ankerte bei Artemision an der Nordspitze von Euböa, begünstigt durch schwere Stürme, die den persischen

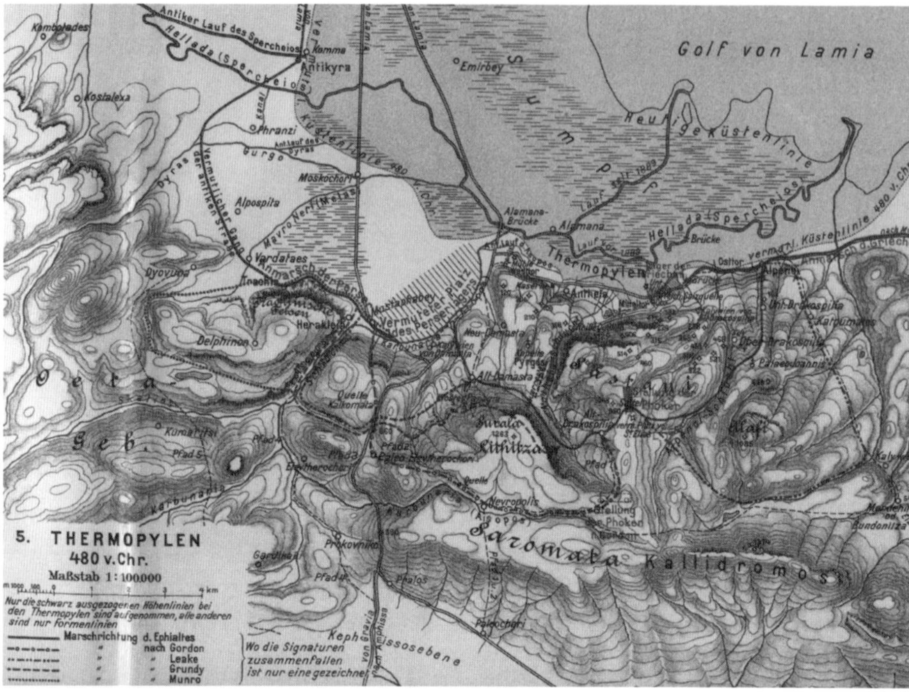

Schlacht bei den Thermopylen

Schiffen arg zusetzten. Zwei Tage lang griffen die feindlichen Truppen die Stellung der Hellenen unter schwersten Verlusten vergeblich an; hier zeigte sich bereits die (später kriegsentscheidende) Überlegenheit der griechischen Hopliten. Dann gelang jedoch den Persern – vielleicht[23] durch Verrat – die Umgehung der Verteidigungsstellung. In dieser aussichtslosen Lage entließ Leonidas die Verbündeten in ihre Heimat; nur seine 300 Spartiaten, freiwillig unterstützt von 700 Thespiern[24], behaupteten ihre Position. Von beiden Seiten bedrängt, fielen sie ausnahmslos in tapferem Kampf; gegen die persische Sitte ließ der siegreiche Großkönig den Leichnam des spartanischen Heerführers schänden – Zeichen der Erbitterung über die eigenen schweren Verluste.

Der Heldentod des Leonidas und seiner Gefährten (auch im Film „300“ verherrlicht) wurde bereits von den Zeitgenossen hymnisch gepriesen; eigentlich eine Niederlage, wurde die Schlacht an den Thermopylen zum glänzenden Sieg umgedeutet. Der Nachruhm des Königs ist wohl auch damit zu erklären,

dass sich die anderen Heerführer der Griechen kaum als leuchtende Vorbilder eigneten: Der Sieg des Miltiades bei Marathon wurde durch den späteren Misserfolg verdunkelt, →Themistokles starb im persischen Exil, Pausanias endete als Hochverräter.
Im Lauf der Jahrhunderte wurde die „Aufopferung" des Leonidas immer wieder unterschiedlich gedeutet. Ein Rückzug in aussichtsloser Situation widersprach dem spartanischen Kriegerethos nicht (Schillers „Gesetz" (s. u.) hat es dazu nie gegeben!). Vielmehr erscheint die Fortführung des Widerstandes mit begrenzten Kräften als militärisch durchaus sinnvoll: Die Hauptmacht wurde gerettet, ein geordneter Abzug der Flotte aus der nunmehr unhaltbaren Stellung bei Artemision ermöglicht, zudem dringend benötigte Zeit für die Räumung Athens gewonnen und so der spätere entscheidende Seesieg bei Salamis vorbereitet.

„Wanderer, kommst du nach Sparta, verkündige dorten, du habest uns hier liegen gesehen, wie das Gesetz es befahl" (Grabinschrift des Simonides für die gefallenen Spartaner, Hdt. 7,228, Übers. F. Schiller).

Lit.: G. J. Szemler – W. J. Cheuf – J. C. Kraft, Thermopylai. Myth and Reality in 480 BC, Chicago 1996

Nur ein Genießer?

L. Licinius Lucullus (117–56 v. Chr.)

Als Inbegriff eines Schlemmers und Genussmenschen lebt er bis heute fort; tatsächlich waren seine Feldzüge ein Meilenstein bei der römischen Expansion in den Orient.

Der unvermeidliche Bürgerkrieg gegen die Anhänger des →Marius hatte →Sulla daran gehindert, Mithridates von Pontos endgültig zu vernichten; die Macht des Königs war noch nicht gebrochen, der Blutbefehl von Ephesus ungesühnt. Auch wenn er keine ernsthafte Bedrohung mehr darstellte, wagte er doch als

einziger Herrscher im Orient der römischen Expansion entgegenzutreten (Ptolemäer und Seleukiden waren längst durch innere Auseinandersetzungen entscheidend geschwächt). Als der letzte König von Bithynien sein Land testamentarisch den Römern vermachte, fielen die Truppen des Mithridates dort ein (angeblich, um die Rechte des übergangenen Thronfolgers zu wahren), ebenso in die römischen Ostprovinzen; die pontische Flotte stieß bis nach Kreta vor.
Der Oberbefehl in diesem Konflikt wurde dem Konsul L. Licinius Lucullus übertragen (74 v. Chr.). Der treue Anhänger Sullas hatte sich in den Feldzügen gegen die Bundesgenossen sowie im 1. Mithridatischen Krieg ausgezeichnet (u. a. beim Eintreiben von Geld, aber auch dem Aufbau einer Flotte); der Kriegsschauplatz war ihm daher wohlvertraut. Von den Meerengen drang er siegreich gegen das Königreich Pontos vor[25]; Mithridates floh zu seinem Schwiegersohn Tigranes von Armenien, der die römische Forderung nach Auslieferung des geschlagenen Herrschers ablehnte. Den Winter nutzte Lucullus zu einer grundlegenden Lösung der Finanzkrise in Kleinasien: Die dortigen Städte hatten Steuern und Kriegskontributionen nur mit Schulden aufbringen können; durch überhöhte Zinsforderungen der römischen Kredithaie waren die Summen ins Unermessliche gestiegen. Die Beschränkung des Zinsfußes auf 12 % sowie das Verbot des Zinseszinses brachten zwar der Provinzbevölkerung eine erhebliche Entlastung – seither war der Heerführer jedoch das Feindbild der römischen Geldaristokratie schlechthin, die zielstrebig an seiner Ablösung arbeitete.
69 v. Chr. stieß Lucullus über den Euphrat vor und schlug den feindlichen König entscheidend bei seiner Hauptstadt Tigranocerta; im folgenden Jahr marschierte er in das armenische Bergland ein und siegte erneut bei Artaxata. Dann zwang ihn jedoch die Meuterei der eigenen Soldaten zum Rückzug; Mithridates konnte in sein angestammtes Reich zurückkehren, Tigranes fiel in Kappadokien ein. Nach der Niederlage eines Unterfeldherrn bei Zela[26] wurde Lucullus durch →Cn.Pompeius abgelöst; seine innerrömischen Gegner hatten ihr Ziel erreicht (67). Erst vier Jahre später durfte der verdiente Heerführer einen Triumph feiern; sein Rivale galt nun als Sieger in einem Krieg, den die Erfolge des Vorgängers längst entschieden hatten.
Nach dem Ende seiner militärischen Laufbahn betätigte sich Lucullus noch einige Jahre in der römischen Innenpolitik; so trat er gegen Pompeius und dessen Maßnahmen im Orient auf. Dann widmete er sich im Ruhestand dem

kultivierten Lebensgenuss, den ihm der ungeheure Reichtum ermöglichte, den er (im Gegensatz etwa zu M. Crassus) weitgehend ehrlich erworben hatte. Luxuriöse und kostspielige Gastmähler ließen seinen Namen sprichwörtlich werden; aber er war auch ein großzügiger Mäzen der Künste und Wissenschaften, der selbst ein Werk über den Bundesgenossenkrieg vorlegte.
Als Feldherr hatte sich Lucullus glänzend bewährt; seine Siege brachen die Macht des Mithridates und bereiteten die Eroberung des Ostens durch Pompeius vor. Die Berücksichtigung von berechtigten Interessen der unterworfenen Völker wies auf die „Reichspolitik" →Caesars voraus. Schwere Mängel zeigte er dagegen in der Menschenführung – vielleicht aufgrund der nicht mehr „zeitgemäßen" Abneigung des Aristokraten, sich der zunehmenden Macht der Legionen zu beugen:

„...ein militärisch befähigter Mann, dem allerdings das Geschick fehlte, dem gemeinen Mann in der Soldateska zu Willen zu sein und ihn sich durch große Beute gefügig zu machen" (E. Kornemann).

Lit.: J. van Ooteghem, L. Licinius Lucullus, Brüssel 1959
G. Schütz, L. Licinius Lucullus (117–75 v. Chr.), Diss. Regensburg 1994

Sieg im Bruderkrieg:

Lysander (um 455–395 v. Chr.)

Durch den Aufbau einer spartanischen Seemacht brach er die Macht Athens und beendete den Peloponnesischen Krieg; dagegen versagte er bei der Gestaltung einer dauerhaften Friedensordnung.

Mit der triumphalen Rückkehr des →Alkibiades schien die Macht Athens im Peloponnesischen Krieg – ungeachtet der katastrophalen Niederlage auf Sizilien – wiederhergestellt; aber der Wankelmut der Bürgerschaft sollte den Staat schon bald erneut ins Verderben führen. Mit persischer Unterstützung hatte der spartanische Nauarch Lysander in Ionien eine Kriegsflotte aufgebaut

(408/7 v. Chr.). In Abwesenheit des Alkibiades erfocht er über dessen Stellvertreter bei Notion einen unbedeutenden Seesieg (die Feinde büßten lediglich fünfzehn Schiffe ein), der jedoch zum erneuten Sturz des athenischen Feldherrn führte – wohl des einzigen Mannes, der damals die Stadt noch hätte retten können. Den spartanischen Gesetzen gemäß wurde der Sieger im nächsten Jahr abgelöst; sein Nachfolger erlitt bei den Arginusen eine vernichtende Niederlage. Daher übernahm Lysander wieder das Kommando in Kleinasien, persisches Gold ermöglichte den Bau einer weiteren Flotte von 200 Schiffen.

Mit dieser Streitmacht blockierte der spartanische Admiral den Hellespont – und damit die Getreideversorgung Athens aus dem heutigen Südrußland. Ihm gegenüber ankerte die feindliche Flotte mit 180 Schiffen an den „Ziegenflüssen“ (Aigospotamoi). Vier Tage lang liefen die Athener von dort aus und boten vergeblich eine Schlacht an; dann kehrten sie zurück, die Mannschaften zerstreuten sich an Land. Am fünften Tag wiederholte sich das Schauspiel; sobald aber die Feinde ihre Schiffe verlassen hatten, griff Lysander zu Wasser und zu Lande überraschend an. Nur acht attischen Trieren gelang die Flucht, die anderen wurden größtenteils am Strand genommen, Tausende Gegner niedergemacht. Von den Kriegsgefangenen ließ der Sieger die 3000 athenischen Bürger hinrichten (405). Nun löste sich der Attische Bund von selbst auf; Athen wurde durch Lysander von See her blockiert und durch den bald auftretenden Hunger zur Übergabe gezwungen. Der Friedensvertrag nahm der Stadt alle auswärtigen Besitzungen; sie musste ihre Befestigungen niederreißen und sich zur Heerfolge für Sparta verpflichten (404). Dem Sieger setzte man im Heiligtum zu Delphi ein großartiges Monument; von Poseidon bekränzt, erschien der Admiral im Kreis seiner Offiziere. Als erster Hellene erlangte er göttergleiche Ehren.

Lysander hatte den langjährigen Krieg erfolgreich beendet und die Macht des Gegners gebrochen; dagegen gelang ihm nicht, eine dauerhafte Friedensordnung aufzubauen. In den griechischen Städten setzte er oligarchische Machthaber ein, meist eigene Vertraute; zudem wurden dort spartanische Besatzungen unter dem Kommando von Harmosten stationiert. Schon bald waren diese aufgrund von Machtmissbrauch und Arroganz verhasster als ihre athenischen Vorläufer. Besonders arg trieben es die „Dreißig Tyrannen“, die neue oligarchische Regierung Athens; bereits im folgenden Jahr wurden sie gestürzt. Ihre Gegner hatten bei dem spartanischen König Pausanias selbst Unterstützung gefunden – denn Herrscher und Ephoren schränkten nun energisch die faktische Machtfülle Lysanders ein. Dessen Versuch, ein Wahlkönigtum zu begründen, scheiterte; doch besaß er noch genügend Einfluss, um seinem Schützling Agesilaos zur Thronfolge zu verhelfen. Diesen begleitete er auf einem Feldzug nach Kleinasien; der neue Herrscher wollte die dortigen Griechenstädte zurückgewinnen, die man einst dem Großkönig für die Unterstützung im Peloponnesischen Krieg preisgegeben hatte. Erneut floss persisches Gold nach Hellas – nun aber, um Verbündete gegen Sparta zu gewinnen. In die Heimat zurückgekehrt, fiel Lysander bei Haliartos in einem unbedeutenden Gefecht gegen die Thebaner.

„Mit geringstem Aufwand hatte er die größte Tat vollbracht und in einer Stunde einen Krieg beendet, der durch seine Dauer und die zahlreichen Wechselfälle des Schicksals alle früheren übertraf“ (Plut. Lys. 11).

Lit.: J.-F. Bommelaer, Lysandre de Sparte. Histoire et traditions, Paris 1981
D. Lotze, Lysander und der Peloponnesische Krieg, Berlin 1964

Ein Philosoph als Feldherr:

Marc Aurel (161–180 n. Chr., geb.121)

Eigentlich schöngeistigen Studien zugeneigt, musste er nahezu seine gesamte Regierungszeit dem Kampf gegen die Germanen widmen.

Im Schutz der „pax Augusta“ hatte das Römische Reich durch nahezu zwei Jahrhunderte Frieden und Wohlstand genossen; unter den Adoptivkaisern (→Traian) erreichte es den Höhepunkt seiner Macht. Dann aber wurde es von ersten schweren Schicksalsschlägen getroffen – von Naturkatastrophen ebenso wie den bedrohlichen Vorboten der Völkerwanderung. Diese erschütterten das Imperium unter der Regierung einer der anziehendsten Herrschergestalten der Geschichte, des Philosophenkaisers Marc Aurel. Bereits der

greise Hadrian hatte einst die hohe Begabung und den edlen Charakter des Knaben bemerkt und ihn für die Nachfolge bestimmt; nach dem Ableben des Adoptivvaters Antoninus Pius trat er selbst die Herrschaft an, die er bereitwillig mit seinem wenig befähigten Bruder L. Verus teilte.
Schon bald beunruhigten Aufstände in den Provinzen sowie Germaneneinfälle das Imperium; hinzu kam ein gefährlicher Krieg gegen die iranischen Parther. Diese militärischen Aufgaben konnte der Kaiser seinem Mitregenten sowie den Generälen überlassen, vor allem C. Avidius Cassius, dessen Erfolge die Euphratgrenze stabilisierten (166 n. Chr.). Schon bald aber erforderte die tödliche Bedrohung für das Reich die persönliche Anwesenheit des Herrschers an der Front. Inwieweit er selbst die Operationen leitete, ist nicht mehr zu erkennen; jedenfalls verbrachte er von 19 Regierungsjahren lediglich zwei nicht im Felde und übertraf damit alle Vorgänger auf dem Kaiserthron. Die seltenen Mußestunden auf den Feldzügen widmete er weiterhin der Philosophie; im Militärlager entstanden seine vielgerühmten „Selbstbetrachtungen".
Getrieben von (uns unbekannnten) Völkerbewegungen, drangen im folgenden Jahr die Markomannen und Quaden in Italien ein; erstmals seit Jahrhunderten standen wieder auswärtige Feinde im Kernland des Reiches (167/68). Als die beiden Herrscher jedoch selbst das Kommando übernahmen, zogen sich die Germanen über die Alpen zurück. Danach begab sich Marc Aurel an die Donaufront, wo der feindliche Druck immer mehr anwuchs: Der Statthalter von Oberpannonien wurde vernichtend geschlagen, erneut fielen die „Barbaren" in Italien ein und belagerten Aquileia (169). Der Herrscher konnte sie zurückdrängen; zur Aufstellung neuer Truppenverbände mussten jedoch sogar Räuber rekrutiert und die Kostbarkeiten des kaiserlichen Haushalts öffentlich versteigert werden. Das nächste Jahr brachte Erfolge in Pannonien; dagegen überrannten Germanen und Iazygen an der unteren Donau Dakien und Obermoesien. Die plündernden Scharen drangen bis Griechenland und Kleinasien vor, sogar das ehrwürdige Heiligtum von Eleusis fiel ihrem Wüten zum Opfer. Erst nach zweijährigem zähen Abwehrkampf – in dem sich vor allem der spätere Kaiser Pertinax auszeichnete – war die Reichsgrenze wiederhergestellt.[27]
Nun ging Marc Aurel (sein Mitregent L. Verus war inzwischen verstorben) zum Gegenangriff über. Durch die Eroberung von Mähren trieb er einen Keil

Reiterstandbild des Marc Aurel, Rom

zwischen die feindlichen Völker; Markomannen, Quaden und Iazygen mussten sich der römischen Herrschaft beugen (173/74), im folgenden Jahr begann eine Offensive gegen die Sarmaten. Nun plante der Kaiser die Einrichtung der neuen Provinzen Marcomannia und Sarmatia. Dabei handelte es sich nicht um eine bloße Ausweitung des römischen Machtbereichs, sondern um eine grundlegende Abkehr von der traditionellen Strategie der Grenzverteidigung. Denn an die Stelle der bisherigen Donaulinie sollten Gebirgsbarrieren treten – Sudeten und Karpaten, Erzgebirge und Böhmerwald – und das Reich fortan wirkungsvoller schützen als die leichtverwundbaren Flussgrenzen (damit folgte M. Aurel dem Beispiel Traians).
Da zwang die Usurpation des Avidius Cassius im Orient den Kaiser zum Abbruch des Feldzuges; bereits auf dem Marsch nach Osten erfuhr er von der Beseitigung des Rivalen durch die eigenen Truppen. Nachdem er in Rom den verdienten Triumph gefeiert hatte, kehrte Marc Aurel an die nördliche Front zurück. Während er sich dort dem Aufbau der neuen Provinzen widmete, erlag er in Vindobona (j. Wien) einer Krankheit. Hochbedeutende Monu-

mente erinnern noch heute in der Ewigen Stadt an seine militärischen Leistungen: die Triumphsäule auf der Piazza Colonna sowie die Reiterstatue auf dem Kapitol (j. im Konservatorenpalast). Sie zeigt den siegreichen Herrscher nicht im Gestus des Triumphators, sondern mit dem ruhigen Ernst des stoischen Weisen und gemahnt so an die tragische Ironie der Geschichte, die den kaiserlichen Philosophen zwang, nahezu sein ganzes Leben den Mühen und Gefahren des Krieges zu widmen.

„Denn er besaß keinen kräftigen Körper und war doch während seiner gesamten Regierung mit zahlreichen Problemen konfrontiert. Ich bewundere ihn dafür umso mehr, dass er in außergewöhnlichen und bisher unbekannten Schwierigkeiten alle Strapazen bewältigte und das Reich rettete" (Dio 71,36,3).

Lit.: A. Birley, Mark Aurel, München 1977
R. Klein (Hrsg.), Marc Aurel, Darmstadt 1979

Der Retter Roms:

C. Marius (um 158/7–86 v. Chr.)

Er schlug den Ansturm der Kimbern und Teutonen zurück; seine Heeresreform veränderte entscheidend das Gefüge des römischen Staates.

Die Niederwerfung Karthagos und der hellenistischen Großmächte, die Eroberung zahlreicher Länder zwischen Spanien bis Kleinasien hatten grundlegende soziale Verwerfungen mit sich gebracht. Die einem Stadtstaat angemessene politische Ordnung (eine geschriebene „Verfassung" hat Rom nie besessen!) genügte den Anforderungen eines Weltreiches nicht. Der italische Bauernstand, die tragende Schicht der Republik, war verfallen, Versuche der Gracchen zu seiner Erneuerung gescheitert; die einst von hohem Ethos getragene Aristokratie war in Korruption und Egoismus versunken. Die grundlegende Krise des Systems hatte ein unbedeutender Kolonialkrieg in Nordafrika schonungslos aufgedeckt: Im Vertrauen auf die eigenen guten Bezie-

hungen zum senatorischen Adel hatte der numidische Königssohn Iugurtha seine Brüder und Mitregenten beseitigt. Trotz der militärischen Schwäche des Gegners zogen sich die Kampfhandlungen durch die Unfähigkeit und Bestechlichkeit der römischen Heerführer unnötig hin. Gleichzeitig drohte dem Reich eine tödliche Gefahr: Die germanischen Stämme der Kimbern, Teutonen und Ambronen, durch Sturmfluten aus ihrer Heimat im heutigen Norddeutschland vertrieben, hatten auf ihren ziellosen Wanderungen durch Mittel- und Westeuropa mehrfach römische Heere geschlagen. Bei Arausio (j. Orange) waren angeblich 80.000 Mann gegen den bisher nahezu unbekannten Feind gefallen (105 v. Chr.); es war die schwerste Niederlage seit der Katastrophe von Cannae (→Hannibal).
Jetzt schlug die Stunde des „homo novus“ C. Marius[28]. Unter dem jüngeren Scipio hatte er sich vor Numantia (in Spanien) ausgezeichnet, danach als Legat des Q. Caecilius Metellus gegen Iugurtha gedient. Nachdem er selbst das Konsulat erlangt hatte, beendete er energisch den Krieg in Nordafrika (107). Auch wenn bereits sein Vorgänger entscheidende Fortschritte erzielt, der spätere Rivale →Sulla den Numiderkönig gefangengenommen hatte, fiel der Ruhm des Sieges doch Marius zu; daher wurde er in den folgenden Jahren gegen die Tradition mehrfach zum Konsul gewählt (104/1). Dass die germanischen Scharen nach ihrem Sieg bei Arausio nicht in das wehrlose Italien einfielen, sondern plündernd durch Gallien und Spanien zogen, ermöglichte ihm den Aufbau einer schlagkräftigen Armee. Diese wurde grundlegend umgeformt: An die Stelle der althergebrachten Bürgermiliz trat ein Berufsheer, in das nun auch die besitzlosen Schichten eintreten konnten (bisher hatten nur die Vermögenden gedient, sich aber zunehmend der Wehrpflicht entzogen). Die Ausbildung wurde verbessert, die taktische Gliederung verändert; fremdstämmige Auxilia ersetzten die römischen Reiter und Leichtbewaffneten. Die dauernde Verfügbarkeit und höhere Professionalität der Truppen war allerdings teuer erkauft; denn die Soldaten erwarteten nach dem Ende ihrer Dienstzeit eine Abfindung oder Landzuteilung – und zwar weniger von den Politikern im Senat als von ihrem eigenen Feldherrn. Diesem, nicht dem Staat galt demnach im Zweifelsfall ihre Loyalität – auch in späteren inneren Konflikten und Bürgerkriegen[29].
Die neugeschaffene Berufsarmee und die militärischen Fähigkeiten des Marius retteten Rom vor der Germanengefahr; die Teutonen und Ambronen wurden

bei Aquae Sextiae (j. Aix-en-Provence) geschlagen, die Kimbern ein Jahr darauf bei dem oberitalischen Vercellae vernichtet (101). Der siegreiche Feldherr stand auf dem Gipfel seines Ruhmes; man feierte ihn als dritten Gründer der Stadt (nach Romulus und →Camillus). In den Auseinandersetzungen der folgenden Jahre zwischen den „Popularen" (der Volkspartei, der auch Marius zuneigte) und den „Optimaten" (der aristokratischen Senatspartei) konnte er allerdings keine Ansätze zur Lösung der grundlegenden Staatskrise entwickeln. Mit L. Cornelius Sulla erwuchs ihm ein ebenbürtiger Rivale. Im Streit um den Oberbefehl gegen Mithridates VI. von Pontos kam es zum Bürgerkrieg. Als sich Marius durch einen Volksbeschluss das Kommando übertragen ließ, führte der abgesetzte Sulla sein Heer gegen Rom; für vogelfrei erklärt, rettete der Kimbernsieger auf abenteuerlicher Flucht das nackte Leben. Der Aufbruch des Gegners nach Griechenland ermöglichte ihm eine triumphale Rückkehr; erneut zum Konsul gewählt, starb er bereits nach wenigen Tagen.

„So hochbefähigt er im Krieg war, so völlig unfähig zeigte er sich im Frieden" (Velleius 2, 11,1).

Lit.: R. Evans, Gaius Marius. A political Biography, Pretoria 1994
J. van Oothegem, Caius Marius, Brüssel 1964

Der erste Marathon-Sieger:

Miltiades (um 550–489 v. Chr.)

Durch seinen Sieg vor den Toren Athens wurde er zum ersten Retter Griechenlands vor der persischen Bedrohung.

Bei der Eroberung des Lyderreiches durch die Perser (→Kyros) waren auch die Griechenstädte an der Küste Kleinasiens unter die Herrschaft der Achämeniden gekommen; ihre Erhebung unter Führung Milets im Ionischen Aufstand (495/94 v. Chr.) endete in einer Katastrophe. Viele flohen vor der Rache der Sieger, unter ihnen Miltiades, der Jahrzehnte zuvor die athenischen Interessen auf der Chersones und der Insel Lemnos gesichert hatte – zunächst in eigenständiger Machtstellung, später unter der Oberhoheit des Großkönigs. In Athen nahm er aufgrund seines großen Vermögens und der weitreichenden Beziehungen der Familie bald eine führende Rolle ein; er galt als hervorragender Kenner der persischen Politik sowie der militärischen Stärken und Schwächen des Achämenidenreiches (er hatte selbst am Skythenfeldzug des Dareios teilgenommen).

Der Großkönig hatte nie vergessen, dass Athen und Eretria (auf Euböa) die Erhebung der ionischen Griechen unterstützt hatten, und plante daher eine Strafexpedition (490); die „schuldigen" Städte sollten zerstört, ihre Einwohner als Sklaven nach Persien deportiert werden. Nicht nur die Freiheit Athens war bedroht, sondern seine nackte Existenz! Die Flotte des Königs führte eine Elitestreitmacht aus Persern, Medern und Saken mit sich, unter denen Bogenschützen sowie Reiter dominierten; ihr Befehlshaber Datis hatte sich im Ionischen Aufstand bewährt. Nach der Vernichtung Eretrias landete er bei Marathon, etwa 40 km von Athen entfernt. Nur die Plataier kamen der Stadt zu Hilfe, Sparta kündigte immerhin Verstärkungen an (die schließlich zu spät anlangten).

Nominell führte der Polemarch Kallimachos den Oberbefehl, doch leitete Miltiades aufgrund seiner Erfahrung faktisch die Operationen; er setzte durch, dass die Athener dem Feind entgegenzogen, statt sich hinter den Mauern zu verschanzen. In einer geschickt ausgewählten Stellung erwartete ihr Heer den Angriff der Gegner. Als dieser die Schlacht eröffnete, ließ der athenische Feldherr die Hoplitenphalanx im Laufschritt gegen die persischen Reihen vorrücken und unterlief so den tödlichen Pfeilhagel der gefürchteten Bogenschützen. Das griechische Zentrum wurde geschlagen, dagegen siegten die Athener auf beiden Flügeln; die Feinde fluteten zu den Schiffen zurück. Auch ihre Mitte wurde nun geworfen, die Verfolgung blieb allerdings weitgehend unwirksam: Nur sieben Schiffe konnten die Griechen erobern, das Gros der gegnerischen Flotte entkam. Nach der Legende (die allerdings erst seit dem 3. Jh. n. Chr. belegt ist) brachte ein Bote eilends die Siegesnachricht in die Stadt und brach dort tot zusammen; die zeitgenössischen Quellen wissen davon freilich nichts.

Marathon zählt zweifellos zu den entscheidenden Schlachten der Geschichte: Der Sieg des Miltiades rettete nicht nur die Freiheit Griechenlands, sondern

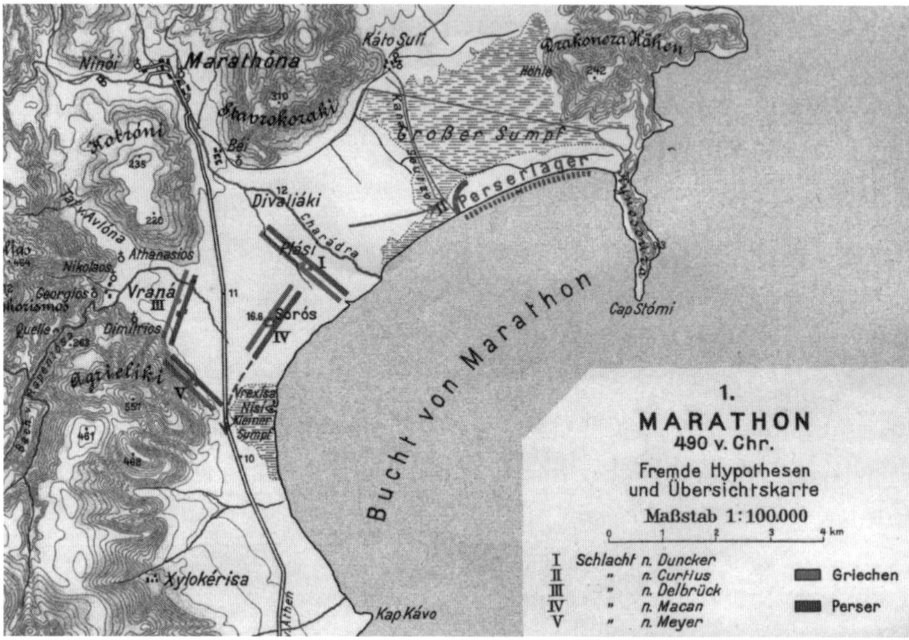

Schlacht bei Marathon

ermöglichte auch die Hochblüte der hellenischen Kultur, die nach dem Ende der persischen Bedrohung einsetzte. Militärgeschichtlich ist sie ebenfalls hochbedeutend: Erstmals zeigte sich hier die Überlegenheit des griechischen Hopliten, der fortan für nahezu ein Jahrhundert die Schlachtfelder des Mittelmeerraumes beherrschen sollte.

Wenig Glück war freilich dem siegreichen Heerführer beschieden. Sein Angriff auf die Insel Paros scheiterte[30]; daher wurde er zu einer hohen Geldbuße verurteilt. Einer Verwundung, die er auf diesem Feldzug erlitten hatte, ist er bald darauf erlegen, angeblich in Schuldhaft; erstmals zeigte sich der später so typische Undank der Athener gegen die Großen ihrer Stadt.

„Riesenhaft steht die Gestalt des Feldherrn Miltiades am Eingange der Welt – Kriegsgeschichte…welch ein Blick in der Wahl des Schlachtfeldes…welche Autorität über …ein selbstbewusstes Bürgeraufgebot“(H. Delbrück).

Lit.: J. F. Lazenby, The Defence of Greece, 490-479 BC, Warminster 1993
W. K. Pritchett, Marathon, Berkeley 1960

Die Einigung Griechenlands:

Philipp II. (359–336 v. Chr., geb. um 382)

Mit eiserner Faust erhob er Makedonien zur Vormacht in Griechenland; die militärischen und politischen Erfolge des Königs ermöglichten den Siegeszug seines Sohnes Alexander durch Asien.

Wohl keinem anderen Volk verdankt die Menschheit ähnliche Großtaten auf allen kulturellen Gebieten wie den Griechen; in der bildenden Kunst blieben sie bis heute ebenso unerreicht wie in Literatur und Philosophie. Dagegen hinderte sie die heillose Zerstrittenheit der kleinen Stadtstaaten, in der Politik Ebenbürtiges zu vollbringen – etwa ein dem römischen Imperium vergleichbares Staatswesen aufzubauen. Einzig in der Stunde tödlicher Bedrohung durch die persische Invasion fanden sie für kurze Zeit zu gemeinsamer Abwehr zusammen, um sich danach erneut zu zerfleischen. Erst spät gelang die Einigung der Hellenen, zudem durch den Herrscher der Makedonen – eines Volkes, das den Griechen als „barbarisch" galt.
Der junge Philipp hatte mehrere Jahre als Geisel in Theben verbracht; die Begegnung mit →Epameinondas, dem bedeutendsten Feldherrn seiner Zeit, hat ihn tief geprägt. Nach der Rückkehr erkämpfte er gegen mehrere Rivalen die Herrschaft in Makedonien, das damals durch innere Wirren und äußere Feinde bedroht war. Tatkräftig schlug er die Einfälle von Illyrern und Paionen zurück und festigte die Macht des Königshauses; danach erweiterte er sein Gebiet durch zahlreiche Feldzüge. Er gewann Thessalien und Epeiros, zudem mehrere Stützpunkte im nördlichen Griechenland sowie das Pangaiosgebirge, dessen Goldreichtum eine eigene Münzprägung ermöglichte; im Krieg gegen die Thraker dehnte er das makedonische Territorium bis an das Schwarze Meer aus. Offenbar als erster Herrscher in Europa gab er einer Stadtgründung den eigenen Namen – Philippi. Vor allem aber schuf er ein schlagkräftiges Heer, das in der griechischen Militärgeschichte kein Vorbild hatte. Seine Kerntruppe war die vervollkommnete und einheitlich bewaffnete Phalanx; mit ihren überlangen Sarissen wirkte sie wie eine unaufhaltsame Walze. Die Unbeweglichkeit der schweren Infanterie wurde durch die Leicht-

bewaffneten sowie die hervorragende makedonische und thessalische Adelsreiterei ausgeglichen; damit begründete Philipp die neuartige Taktik der verbundenen Waffen. Unter der Führung des Königs, der die Eigenschaften eines glänzenden Feldherrn mit großer persönlicher Tapferkeit verband (mehrfach wurde er schwer verwundet) war ein unvergleichliches Machtinstrument entstanden.
Bei der weiteren Expansion an den Küsten Nordgriechenlands stieß er auf die Interessensphäre Athens. Dort rief Demosthenes in seinen flammenden „Philippischen Reden" zur Verteidigung der Freiheit auf (allerdings bedeutete dieser Begriff für ihn die Autonomie jeder einzelnen Polis, auf der die verhängnisvolle Zersplitterung des Landes beruhte). Dagegen forderte der greise Rhetor Isokrates, der König solle die Hellenen einen und gegen das Achämenidenreich führen. Während einer Phase des Friedens mit den Athenern (die eher einem Waffenstillstand glich) weitete Philipp seinen Einfluss auf Mittelgriechenland aus und sicherte seine Position durch einen Vertrag mit dem persischen Großkönig, der die beiderseitigen Machtsphären abgrenzte. Schließlich kam es erneut zum Krieg mit Athen, das Theben als Verbündeten gewinnen konnte. Mithilfe der Schiefen Schlachtordnung, die er von seinem Lehrmeister Epameinondas übernommen hatte, siegte Philipp bei Chaironeia (338); den entscheidenden Angriff der makedonischen Adelskavallerie führte sein Sohn →Alexander. Auf die Verfolgung der fliehenden Feinde verzichtete der König, da er – weitblickender Staatsmann wie erfolgreicher Heerführer – einen kurzlebigen militärischen Triumph dem künftigen Bündnis mit dem geschlagenen Gegner unterordnete. Daher wurde auch das besiegte Athen – anders als Theben – mit kluger Milde behandelt. Ein allgemeiner Friedenskongress in Korinth, dem lediglich Sparta fernblieb, beschloss einen Ewigen Bund der hellenischen Staaten; zu seinem Hegemon und Feldherrn wurde Philipp bestimmt. Durch einen Krieg gegen das Perserreich sollte die Zerstörung der griechischen Tempel beim Feldzug des Xerxes gerächt werden (→Themistokles). Eine Vorhut war bereits nach Kleinasien entsandt, da fiel der König bei der Hochzeit seiner Tochter einem Anschlag zum Opfer, der vielleicht von der eigenen – kurz zuvor verstoßenen – Gemahlin Olympias ausging. Aber er hatte Makedonien von einem Randstaat zur Vormacht in Griechenland erhoben und durch die Einigung des Landes und den Aufbau einer schlag-

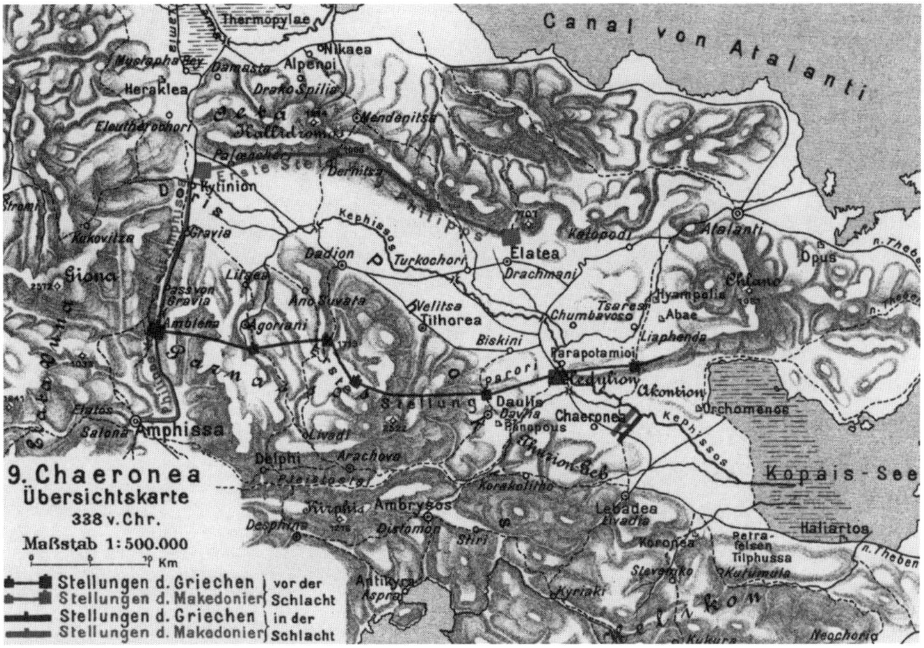

Schlacht bei Chaironeia

kräftigen Armee den Weg bereitet für den Siegeszug seines Sohnes Alexander durch Asien.

„Man wird kaum Worte finden für seine Tapferkeit, die Ausdauer in allen Mühen, für die Größe dieses Mannes“ (Pol. 8,12).

Lit.: M. B. Hatzopoulos – L. D. Loukopoulos, Philip of Macedon, Athen 1980
I. Worthington, Philip II of Macedonia, New Haven 2008

Der Rivale Caesars:

Cn. Pompeius Magnus (106–48 v. Chr.)

Durch seine Siege im Bürgerkrieg sowie gegen zahlreiche auswärtige Feinde stieg er zum mächtigsten Mann in Rom auf; schließlich erlag er jedoch dem überlegenen Genie Caesars.

Seit den Reformversuchen der Gracchen erlebte die Republik eine tiefgreifende Krise: Innenpolitische Konflikte wurden immer öfter gewaltsam ausgetragen, im Streit mit seinem Rivalen →Marius hatte →Sulla durch den Marsch auf Rom den ersten Bürgerkrieg der römischen Geschichte entfesselt. Während er danach im Osten gegen Mithridates von Pontos kämpfte, hatten seine Gegner die Macht in der Stadt wiedererlangt. Nun kehrte er zum Entscheidungskampf nach Italien zurück – und ein junger Privatmann nutzte die Gunst der Stunde: Der 22jährige Cn. Pompeius führte ihm drei Legionen zu, die er auf eigene Faust aufgestellt hatte, und gewann so die Dankbarkeit des Dictators (83 v. Chr.). In den folgenden Jahren warf er für die Senatspartei Sizilien und Afrika nieder; gegen jede Tradition erlangte er dafür einen Triumph, ohne jemals ein Amt bekleidet zu haben, zudem den Beinamen des „Großen", der deutlich an den Makedonenkönig →Alexander gemahnte.
Nach Sullas Ableben übernahm er den Oberbefehl in Spanien, unterlag jedoch mehrfach der überlegenen Feldherrnkunst des →Sertorius; erst nach dessen Ermordung gelang ihm die Unterwerfung des Landes. Auf dem Heimweg vernichtete er die Reste von →Spartacus' Scharen; nun rühmte er sich, auch diesen Krieg beendet zu haben. Gemeinsam mit M. Licinius Crassus zum Konsul gewählt, beseitigte er im nächsten Jahr die konservative Staatsordnung Sullas, die dem Senat eine beherrschende Machtposition gesichert hatte (70).
Aufgrund seiner bisherigen militärischen Erfolge wurde ihm nun eine weitaus größere Aufgabe übertragen: die Bekämpfung der kilikischen Piraten, die damals das gesamte Mittelmeer beherrschten. Vor der Küste Latiums – in Sichtweite der Hauptstadt! – hatten sie eine römische Flotte geschlagen, auch der junge →Caesar befand sich kurzzeitig in ihrer Gefangenschaft. Für

dieses Unternehmen erhielt Pompeius eine bislang unerhörte Machtfülle: Für drei Jahre wurde ihm das Mittelmeer mit den angrenzenden Küstengebieten unterstellt, zudem 500 Schiffe und 125.000 Mann. Zum allgemeinen Erstaunen vollbrachte er jedoch diese Herkulesarbeit in kürzester Zeit; in lediglich 40 Tagen säuberte er das westliche Mittelmeer von den Piraten, den östlichen Teil in sieben Wochen. Wie bei früheren Erfolgen zeigte er sich auch hier milde gegen die Besiegten; statt sie zu kreuzigen oder zu versklaven, siedelte er sie lediglich in das Binnenland um (67). Zweifellos war der Seeräuberkrieg die bedeutendste militärische Leistung des Pompeius, zudem typisch für dessen Vorgehen: Stets blieb er bedächtig, zudem ein großer Organisator; der geniale Angriffsschwung eines Caesar oder Alexander war seiner Wesensart fremd.

Im nächsten Jahr wurde er mit dem Oberbefehl gegen Mithridates von Pontos betraut, dessen Macht freilich durch die Siege des →Lucullus schon entscheidend geschwächt war. Nach dem Selbstmord des greisen Königs und dem Friedensschluss mit dessen Schwiegersohn Tigranes von Armenien drang Pompeius bis in den Kaukasus vor; angeblich erwog er sogar einen Feldzug nach Indien in der Nachfolge Alexanders d. Gr. In Syrien und Kleinasien wurden neue Provinzen eingerichtet, die römische Ostgrenze durch verbündete Klientelkönigreiche gesichert; die Intervention in einen innerjüdischen Machtkampf gipfelte in der Eroberung von Jerusalem (63). Siegreich kehrte der Feldherr nach Italien zurück – seine Machtergreifung schien unmittelbar bevorzustehen. Aber hier zeigte sich erstmals das politische Unvermögen des erfolgreichen Heerführers (oder seine Bedenken, die Verfassung zu brechen): Nach der Landung in Brundisium entließ er das Heer und gab so die Herrschaft aus den Händen. Sein Triumphzug bot ein unerhörtes Schauspiel; er trug dabei (angeblich) den Mantel Alexanders d. Gr. und bezeugte damit erneut die eigene Bewunderung für den Makedonenkönig. Schon bald rächte sich die Entlassung der Legionen; der Senat zögerte, die Maßnahmen des Feldherrn im Osten zu bestätigen und den Soldaten Land zur Ansiedlung zuzuteilen. Verärgert schloss er sich daher im 1. Triumvirat (60) seinen bisherigen innenpolitischen Gegnern Crassus und Caesar an; dieser setzte im folgenden Jahr als Konsul die Forderungen des Pompeius durch.

Dann aber begann dessen Stern zu sinken; den blutigen Straßenkämpfen in der Agonie der Republik stand er hilflos gegenüber, der frische Lorbeer

Caesars verdunkelte seinen früheren Ruhm. Lediglich großartige Bauprojekte (u. a. das erste steinerne Theater in Rom) erinnerten an die einstigen glanzvollen Siege – sie waren mit der Beute der erfolgreichen Feldzüge finanziert. Allmählich wuchs die Entfremdung zwischen den beiden mächtigsten Männern ihrer Zeit (Crassus war gegen die Parther gefallen). Nach dem Tod seiner Gattin Iulia, der Tochter Caesars, wandte sich Pompeius immer mehr dem Senat zu; zwischen den einstigen Verbündeten mußten die Waffen entscheiden. Der rasche Vormarsch des Rivalen nach dem Ausbruch des Bürgerkrieges zwang Pompeius, Italien zu räumen und den Gegner in Griechenland zu erwarten. Bei Dyrrhachium (j. Durazzo) kam es zu wochenlangen erbitterten Kämpfen, in denen Caesar eine schwere Niederlage erlitt; freimütig gestand er später, der Rivale hätte an diesem Tag den Krieg entscheiden können. Durch den Erfolg ermutigt und von seiner senatorischen Umgebung wider die eigene Einsicht zu rascher militärischer Entscheidung gedrängt, stellte sich Pompeius dem Gegner beim thessalischen Pharsalos zur Schlacht; sie endete in einer katastrophalen Niederlage (48). Der Geschlagene floh nach Ägypten; dort ließen ihn die Berater des jungen Königs Ptolemaios XIII. ermorden, um die Gunst des Siegers zu erlangen. Als dieser wenige Tage später in Alexandria landete, brachte man ihm das Haupt des Getöteten – und Caesar weinte um den Mann, der einst sein Freund gewesen war.

„...der öfter mit dem Landesfeind gekämpft hat als ein anderer mit seinem privaten Gegner stritt, mehr Kriege geführt hat als andere aus Büchern kennen“ (Cicero, imp. Cn. Pomp. 28).

Lit.: M. Gelzer, Pompeius, München 1949
P. Greenhalgh, Pompey, the Roman Alexander, London 1981

Verlustreiche Siege:

Pyrrhos (306/2 u. 297–272 v. Chr., geb. 319/18)

Brillant, aber unstet, führte er zahlreiche Feldzüge in Griechenland und Italien; sein Traum von einem zweiten Alexanderreich blieb jedoch unerfüllt.

Der Siegeszug →Alexanders d. Gr. hatte das Antlitz der Welt verändert; nach dem Tod des Königs hatten jedoch seine früheren Generäle das zerfallende Imperium unter sich aufgeteilt und so das Staatensystem des Hellenismus begründet. Auch Pyrrhos von Epeiros (in Nordwestgriechenland) – ein entfernter Verwandter Alexanders – träumte davon, ein Reich mit dem Schwert zu gewinnen. In jungen Jahren aus dem kleinen Land vertrieben, hatte er bei Ipsos (→Seleukos) auf der Seite seines Schwagers Demetrios Poliorketes gekämpft, später mit ptolemäischer Unterstützung die Herrschaft zurückerlangt (297 v. Chr.). Schon bald waren die Taten des jungen Königs legendär; in seiner Tapferkeit eiferte er dem sagenhaften Ahnherrn Achilleus nach und wurde mehrfach im Kampf verwundet. Daher liefen im Krieg gegen seinen früheren Verbündeten Demetrios dessen Truppen zu ihm über; einige Jahre konnte er sich in Makedonien als Herrscher behaupten, dann vertrieb ihn Lysimachos – gleichfalls ein ehemaliger Heerführer des Welteroberers (284). Ein Hilferuf der süditalischen Griechenstadt Tarent gegen die Römer veranlasste ihn zum Eingreifen; als „neuer Alexander" wollte er sich im Westen des Mittelmeerraumes ein eigenes Reich erkämpfen (280). Bei Heraclea errang er vor allem durch den Einsatz seiner zwanzig Kriegselefanten[31] einen verlustreichen Erfolg (der „Pyrrhussieg" wurde später sprichwörtlich, doch ist der Begriff im Altertum nicht belegt). Danach stieß der König nach Latium vor und schlug die Feinde im folgenden Jahr – erneut unter großen eigenen Verlusten – bei Ausculum. Die römischen Schilderungen der kriegerischen Ereignisse sind von Legenden überwuchert; diese sollen beweisen, dass nicht etwa kultivierte Griechen gegen „Barbaren" kämpften (wie es zweifellos Pyrrhos sah), sondern dass die römische „Virtus" der hellenistischen Courtoisie ihres Gegners ebenbürtig war. Trotz der militärischen Erfolge des Königs scheiterten Verhandlungen mit dem Senat; unter dem Einfluss des greisen Appius Claudius Caecus lehnte das Gremium einen Friedensschluss ab, solange feindliche Truppen auf italischem Boden standen. Die Situation nach der Schlacht bei Cannae (→Hannibal) scheint hier vorweggenommen: Rom war grundsätzlich zu keinem Verlustfrieden bereit; aufgrund seiner unerschöpflichen menschlichen Ressourcen war es dadurch langfristig – zumal im eigenen Land – unüberwindlich. Schwächen der Heerführer wurden zudem durch die soldatischen Tugenden der Legionen hinreichend ausgeglichen.

Im folgenden Jahr begab sich Pyrrhos nach Sizilien, von den dortigen Griechen gegen die karthagische Bedrohung zu Hilfe gerufen; auch seine (kurze) Ehe mit der Tochter des →Agathokles mochte ein Eingreifen nahelegen. Schon bald erfocht er auch hier glänzende Siege; die punischen Stützpunkte auf dem Eryx – hier stand der König selbst als erster auf der feindlichen Mauer! – sowie dem Heirkte wurden genommen, erstmals in der Geschichte Siziliens der karthagische Hauptstützpunkt Panormos erobert. Dann aber scheiterte die Belagerung der letzten gegnerischen Festung Lilybaion (j. Marsala), da Pyrrhos über keine hinreichende Flotte verfügte. Zunehmende Spannungen mit den westgriechischen Verbündeten, die unter der ungewohnt harten Hand ihres „Hegemons" litten, veranlassten ihn zur Rückkehr nach Italien, wo der Krieg inzwischen stagnierte. Nach einer unentschiedenen Schlacht gegen die Römer bei Benevent (275) verließ er das Land und kehrte nach Epeiros zurück. Mit der Unterstützung von keltischen Söldnern eroberte er erneut Makedonien und drang auf die Peloponnes vor. Sein Vormarsch gegen Sparta scheiterte jedoch nach Anfangserfolgen. Im Jahr darauf fiel Pyrrhos bei einem nächtlichen Überraschungsangriff auf Argos im Straßenkampf; als tragisch empfand das Altertum, dass der Heldenkönig durch einen Stein endete, den ein Weib geschleudert hatte. Ein brillanter Condottiere, tapferer Soldat und nobler Charakter, wurde er von seinen Zeitgenossen – auch den Gegnern – ebenso hochgeschätzt wie von der antiken Nachwelt, als Feldherr gelegentlich über Alexander, stets über Hannibal gestellt. Freilich scheiterte er letztlich auf allen Kriegsschauplätzen; offenbar schätzte er stets die eigenen Möglichkeiten falsch ein, ebenso die militärischen Mittel seiner Feinde.

„Noch ein solcher Sieg über die Römer, und wir sind verloren" (angebliche Worte des Pyrrhos nach der Schlacht bei Ausculum; Plut. Pyrrh. 21).

Lit.: O. Hamburger, Untersuchungen über den Pyrrhischen Krieg, Diss. Würzburg 1927
P. Lévêque, Pyrrhos, Paris 1957

Der letzte Sieg Roms:

Fl. Ricimer (gest. 472 n. Chr.)

Der allmächtige Heermeister erhob und stürzte die Kaiser nach eigenem Gutdünken; zugleich erfocht er die letzten Erfolge der römischen Waffen.

Seit der Ermordung des →Aetius taumelte das Weströmische Reich dem Untergang entgegen; zu seinem Totengräber wurde der Heermeister und „Kaisermacher" Flavius Ricimer. Der Sohn eines Suebenkönigs und einer westgotischen Prinzessin wird erstmals unter der Regierung des Avitus (455/56 n. Chr.) erwähnt: Einen Einfall der Vandalen[32] schlug er zu Lande beim sizilischen Agrigent zurück und vernichtete danach die feindliche Flotte vor Korsika (456 n. Chr.); dafür wurde er zum Magister Militum befördert. Die allgemeine Unzufriedenheit – wegen der Untätigkeit des Kaisers angesichts der vandalischen Bedrohung, zudem wegen Geldnot und Getreidemangel – nutzte er noch im selben Jahr zu einem Aufstand; sein Sieg bei Placentia zwang Avitus zur Abdankung. Danach unterstellte sich Ricimer formell dem Hof zu Konstantinopel und regierte faktisch selbst in Italien, dem nahezu einzig verbliebenen Rest des westlichen Imperiums.
Unmittelbar nach der eigenen Thronbesteigung ernannte ihn der oströmische Herrscher Leo I. zum Patricius; sein Freund und Kriegsgefährte Maiorian wurde zum Magister Militum, wenige Monate später zum Kaiser des Westreiches erhoben (457). Als sich der einstige Kamerad jedoch als tatkräftiger Regent und Reformer erwies, beseitigte ihn Ricimer bedenkenlos und ließ Libius Severus zum Nachfolger ausrufen (461). Dieser blieb zeitlebens eine bloße

Marionette des allmächtigen Heermeisters, der sich auf die Armee, ein ungeheures Vermögen sowie ein gutes Verhältnis zum Senat stützte. Seine einzigartige Stellung bezeugen auch die Bronzemünzen, die wohl in den Monaten geprägt wurden, wenn im Westen ein faktisches Interregnum herrschte[33]: Sie zeigen Ricimers Bild und Monogramm; die Legende „victoria navalis" erinnert an die Vernichtung der vandalischen Raubflotte. Einen weiteren Erfolg errang der Heermeister gegen die Alanen, die in Italien eingedrungen waren; der Sieg bei Bergamo (464) war der letzte der (west)römischen Geschichte. Im nächsten Jahr starb Libius Severus; das Gerücht, Ricimer habe ihn vergiftet, ist sicher unsinnig – einen willfährigeren „Herrscher" konnte er sich nicht wünschen. Zunächst übernahm er erneut selbst die Regierung; dann aber zwang ihn die zunehmende Bedrohung durch die Germanen, ein Bündnis mit dem Hof von Konstantinopel zu suchen. In seinem Auftrag bat der Senat Leo I. um die Entsendung eines Kaisers für den westlichen Reichsteil; zugleich wurde ein energisches Vorgehen gegen die Vandalen vereinbart. Der oströmische Heermeister Anthemius landete mit eigenen Truppen in Italien – er stand dem „Kaisermacher" nicht wehrlos gegenüber! – und wurde vor Rom zum Augustus ausgerufen (467); die Heirat mit Ricimers Tochter sollte die Eintracht zwischen beiden Machthabern festigen. Bald zeigten sich erste Erfolge; der neue Herrscher wurde von den fränkischen Foederaten anerkannt, ebenso durch den bretonischen Fürsten Riothamus (in dem einige Historiker den legendären König Artus erkennen wollen). Im folgenden Jahr scheiterte jedoch eine großangelegte Flottenexpedition gegen die Vandalen durch die Unfähigkeit des oströmischen Befehlshabers; eine schwere Schlappe seines Sohnes gegen die Westgoten besiegelte das Schicksal des Kaisers. Erneut erhob sich Ricimer gegen den eigenen Schwiegervater (dessen Beseitigung er bereits zwei Jahre zuvor versucht hatte) und belagerte ihn monatelang in Rom. Nach der Niederlage eines ostgotischen Entsatzheeres wurde die Stadt erobert, Anthemius im Gewand eines Bettlers erkannt und getötet (472). Schon während der Kämpfe hatte der rebellische Heermeister den Senator Olybrius zum Kaiser ausrufen lassen; mit Geiserich verschwägert, war er der Nachfolgekandidat der Vandalen und verhieß daher Frieden mit dem unbesiegbaren Feind des Imperiums. Wenige Wochen nach seinem Sieg erlag Ricimer einem Blutsturz; das Weströmische Reich sollte ihn nur um vier Jahre überleben.

„...derjenige Heermeister, der das Hausmeiertum von den letzten Rücksichten gegenüber dem Kaiser befreit und in eine echte Militärdiktatur verwandelt hat" (A. Demandt).

Lit.: S. Krautschick, Ricimer, in: B. u. P. Scardigli (Hrsgg.), Germani in Italia, Rom 1994, 269-87
P. M. Papini, Ricimero. L'agonia dell' impero Romano d'Occidente, Mailand 1959

Sieg über Hannibal:

P. Cornelius Scipio Africanus Maior (um 235–183 v. Chr.)

Seine Erfolge in Spanien brachten die Wende, der Sieg bei Zama die Entscheidung des 2. Punischen Krieges; der beispiellose Ruhm des Feldherrn führte jedoch zum Konflikt mit den Traditionen der Adelsrepublik.

Nach der katastrophalen Niederlage gegen →Hannibal bei Cannae hatte Rom seine Strategie grundlegend geändert: Man bot dem überlegenen feindlichen Heerführer keine Gelegenheit mehr zur offenen Feldschlacht und vermied so weitere Schlappen; auf den anderen Kriegsschauplätzen ging man offensiv gegen die Karthager vor. Da traf erneut eine Schreckensmeldung ein: Die beiden römischen Feldherren in Spanien, zwei Brüder aus dem Geschlecht der Scipionen, waren besiegt und gefallen, das Land bis zum Ebro verloren (211 v. Chr.). Angeblich wagte sich damals niemand um ihre Nachfolge zu bewerben – außer einem erst 24jährigen Jüngling, dem Sohn und Neffen der getöteten Heerführer. Obwohl er noch keine militärische Erfahrung erworben hatte, wurde er aus unbekannten Gründen vom Senat mit dem Kommando betraut.[34] Schon bald erwies er sich jedoch als der fähigste Feldherr, den Rom bisher hervorgebracht hatte. Bereits im folgenden Jahr eroberte er im Handstreich den punischen Hauptstützpunkt Neu-Karthago (j. Cartagena). Hier erbeutete er ungeheure Mengen an Gold und Silber, Waffen und Geschützen, zudem die Geiseln, die für das Bündnis ihrer Stämme

mit Karthago bürgten; dadurch konnte Scipio viele Völker zum Übertritt auf die eigene Seite gewinnen. In den nächsten Jahren errang er mehrere Siege über die feindlichen Heere; 206 v. Chr. war Spanien in römischer Hand. Damit hatte der Gegner seine wichtigste Basis verloren, vor allem die ertragreichen Silbergruben und dadurch die Mittel zur Finanzierung des Krieges. Gleichzeitig führte der junge Feldherr grundlegende militärische Reformen durch: Die Ausbildung der Soldaten wurde verbessert, die Truppen für rasche Manöver geschult (ihre mangelnde Beweglichkeit hatte entscheidend zu den schweren Niederlagen der ersten Kriegsjahre beigetragen); außerdem gewann die Reiterei schlachtentscheidende Bedeutung – das Vorbild Hannibals ist unübersehbar. Die Umgestaltung der Armee wurde auch dadurch gefördert, dass der Senat jetzt anstelle der jährlich wechselnden Aufgabenbereiche von gewählten Magistraten, bewährten Feldherren Kommandos für mehrere Jahre übertrug und dadurch langfristige Planungen ermöglichte.
Danach setzte Scipio gegen konservativen Widerstand – etwa des →Fabius Maximus, der zuvor die Vertreibung Hannibals aus Italien forderte – sein Vorhaben durch, den Krieg durch einen Angriff auf Karthago zu entscheiden. Bereits vor der Überfahrt gewann er den Numiderkönig Syphax für sich (der später aus persönlichen Gründen zum ursprünglichen Bündnis mit den Puniern zurückkehrte), ebenso dessen Rivalen Masinissa. Als er in Afrika landete (204), sammelten die Karthager eilends ein Heer. Mangelhaft ausgebildet und schlecht geführt, wurden diese Truppen mehrfach geschlagen, die Armee des Syphax vernichtet. Als Scipio gegen die Hauptstadt selbst vorrückte, kam es zu einem Präliminarfrieden; zugleich berief die punische Regierung Hannibal aus Italien zurück. Die Verschärfung der Vertragsbedingungen durch Rom, zugleich die Hoffnung auf ihren noch nie bezwungenen Feldherrn, veranlasste die Feinde jedoch, den Krieg weiterzuführen. Nachdem persönliche Verhandlungen zwischen den beiden bedeutendsten Heerführern ihrer Zeit gescheitert waren, mussten die Waffen entscheiden; bei Zama wurde Hannibal vernichtend geschlagen (202). Der Friedensschluß des folgenden Jahres besiegelte das Ende der karthagischen Großmacht; Scipio feierte den verdienten Triumph und wurde mit dem Ehrennamen „Africanus" ausgezeichnet.
Doch sein Ruhm sprengte die überkommene Ordnung der Adelsrepublik; zunehmend war er kleinlichen Anfeindungen ausgesetzt. Man warf ihm finanzielle Unregelmäßigkeiten vor und verwehrte ihm den Oberbefehl gegen

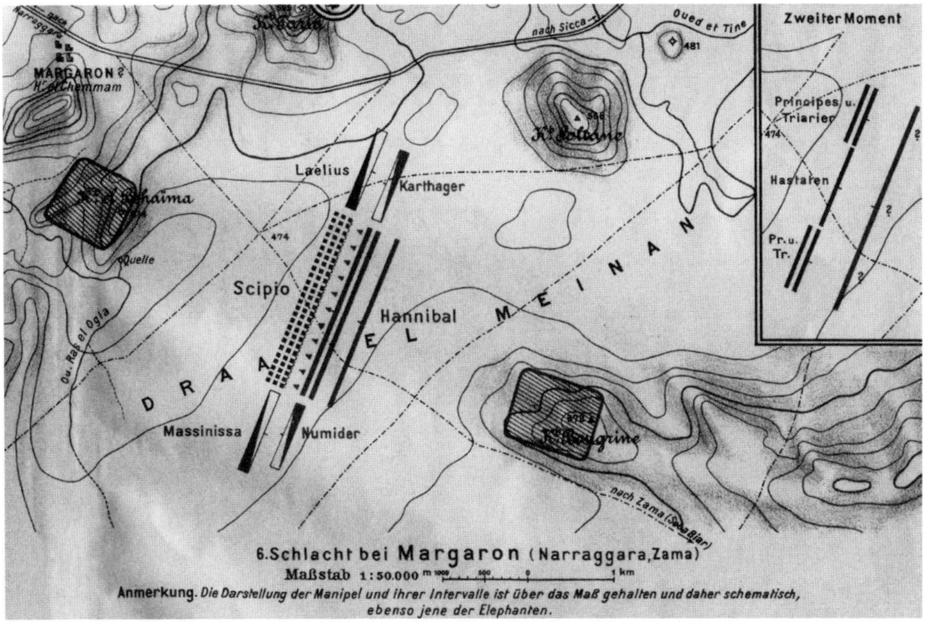

Schlacht bei Zama

→Antiochos d. Gr.; daher war er nur unter dem Kommando seines Bruders am entscheidenden Sieg bei Magnesia beteiligt (190). Schließlich zog er sich in ein freiwilliges Exil in Liternum am Golf von Neapel zurück; hier starb er der Überlieferung nach im selben Jahr wie sein großer Gegner Hannibal.

„Von Scipio aber muss es ausdrücklich gesagt werden, dass er…zwar gewiss nicht über, aber doch mit vollem Recht neben Hannibal gestellt werden darf" (H. Delbrück).

Lit.: F. S. Grazioli, Scipione l'Africano, Turin 1941
H. H. Scullard, Scipio Africanus. Soldier and Politician, London 1970

Ein Sieg der Elefanten:

Seleukos I. Nikator (358/54–281 v. Chr.)

Er bewährte sich auf dem Siegeszug Alexanders; später gründete er nach jahrzehntelangen wechselvollen Kämpfen das größte der Diadochenreiche.

Neben der dominierenden Gestalt →Alexanders d. Gr. verblassen zu dessen Lebzeiten alle anderen Heerführer der Makedonen; erst nach dem Ableben des Königs werden sie als eigenständig handelnde Persönlichkeiten erkennbar und bewähren sich als tüchtige Feldherren und Reichsgründer. In seinen frühen Jahren hatte Seleukos den Siegeszug durch Asien miterlebt und sich vor allem in Indien ausgezeichnet. Nach dem Tod Alexanders (323 v. Chr.) hatte ihn der Reichsverweser Perdikkas zum Kommandeur der Hetärenreiterei ernannt. Dennoch trug er keine Bedenken, diesen nach dem Scheitern des Feldzuges gegen Ptolemaios im Bund mit anderen Generälen zu beseitigen; bei der Verteilung der Satrapien im Vertrag von Triparadeisos erhielt er Babylonien.
Vor Antigonos Monophthalmos („dem Einäugigen"), der die Herrschaft über das Gesamtreich erstrebte, musste er später nach Ägypten zu Ptolemaios fliehen. Für diesen schlug er Demetrios Poliorketes, den Sohn des Antigonos, bei Gaza (312); der Sieg ermöglichte ihm zugleich die Rückkehr nach Babylon. Den hierauf unter den Diadochen vereinbarten Frieden suchte der „Einäugige" vergeblich zur erneuten Vertreibung des Seleukos zu nutzen, da dieser nicht in die Abmachung einbezogen war. Vielmehr konnte er seinen Machtbereich nach Osten ausdehnen, überließ aber das Indusgebiet dem Mauryaherrscher Chandragupta und erhielt dafür 500 Kriegselefanten; sie sollten sich bald als entscheidende Waffe erweisen und wurden daher auf den Münzen des Seleukos verewigt. Wie die anderen Machthaber nahm er – dem Vorbild des Antigonos folgend – den Königstitel an (305/4) und verband sich mit Ptolemaios, Lysimachos und Kassandros gegen den übermächtigen „Einäugigen". Bei Ipsos (in Phrygien) fiel der 80jährige Antigonos in tapferem Kampf – der letzte Diadoche, der die Einheit des Alexanderreiches bewahren wollte, freilich für die eigene Familie, nicht für das legitime Herrscherhaus (301). Nach dem Sieg der Verbündeten erhielt Seleukos Syrien, allerdings

ohne dessen südlichen Teil, der für Jahrhunderte zum Zankapfel mit Ägypten wurde. Daher verlegte er die Residenz von Seleukeia (am Tigris) in seine Neugründung Antiocheia (j. Antakya), fortan eine der großen Metropolen der hellenistischen Welt. Die Stadt wurde zum Mittelpunkt des größten aller Diadochenreiche, das Syrien, große Teile Kleinasiens sowie Mesopotamien und Iran umfasste; damals – zum Zeitpunkt seiner weitesten Ausdehnung – erstreckte es sich über 3,5 Mio. km^2. Um die hellenische Kultur in dem heterogenen Staatswesen zu fördern, ließ der König zahlreiche Griechenstädte anlegen. Zugleich zeigte er sich den unterworfenen Völkern verbunden: Als einziger Unterfeldherr Alexanders verstieß er die orientalische Gattin nicht, mit der er sich einst in Susa vermählt hatte. Er entsandte Expeditionen nach Zentralasien und an das Kaspische Meer; sein Gesandter Megasthenes hinterließ einen bedeutenden Bericht über einen Aufenthalt in Indien.
Mit der Schlacht bei Ipsos waren die Machtkämpfe der Diadochen nicht beendet; gegen Ptolemaios und Lysimachos schloss Seleukos ein Bündnis mit Demetrios Poliorketes, dem Sohn des Antigonos; seine Heirat mit dessen Tochter Stratonike wurde zum Beginn einer hochberühmten, romantisch verklärten Liebesgeschichte. Später kam es zum Krieg mit dem Schwiegervater, der inzwischen Makedonien beherrschte; Demetrios wurde geschlagen (286) und starb in ritterlicher Haft im syrischen Apameia. Fünf Jahre später bezwang Seleukos bei dem kleinasiatischen Kurupedion seinen ehemaligen Verbündeten Lysimachos; dieser fiel im Kampf, auch er bereits 80 Jahre alt. Der siegreiche König überschritt den Hellespont, um Thrakien und die makedonische Heimat zu erobern; da fiel er einem Anschlag des Ptolemaios Keraunos zum Opfer; den von der Thronfolge ausgeschlossenen Sohn des ägyptischen Herrschers hatte er einst großzügig bei sich aufgenommen. Dem Riesenreich der Seleukiden wurde seine gewaltige Ausdehnung zum Verhängnis, ebenso die fehlende Homogenität. Dennoch währte es bis zur Absetzung des letzten Königs durch →Pompeius (63 v. Chr.); durch mehr als zwei Jahrhunderte hatte es einen entscheidenden Anteil an der Verbreitung der hellenistischen Kultur in den Weiten Asiens.

„…vielleicht der edelste unter den nächsten Diadochen Alexanders" (J. Burckhardt).

Lit.: J. D. Grainger, Seleukos Nikator. Constructing a Hellenistic Kingdom, London 1990
A. Mehl, Seleukos Nikator, Löwen 1986

Held oder Verräter?

Q. Sertorius (132–72 v. Chr.)

Durch den Bürgerkrieg zum Kampf gegen das eigene Volk gezwungen, konnte er sich jahrelang in Spanien behaupten; einige seiner Maßnahmen weisen auf die Politik →Caesars voraus.

In den Feldzügen gegen die Kimbern sowie aufständischen Bundesgenossen hatte sich der Anhänger des →Marius bereits ausgezeichnet, bevor er als Praetor nach Spanien entsandt wurde (83 v. Chr.). Nach dem Ende des Bürgerkrieges in Italien von den Truppen des siegreichen →Sulla vertrieben, plante er angeblich, mit den Seinen auf die Inseln der Seligen (wohl die Kanaren) zu entfliehen; weniger romantisch, kämpfte er tatsächlich auf eigene Rechnung als Söldnerführer in Mauretanien. Dort erreichte ihn die Bitte der Lusitaner (im heutigen Portugal), in ihrem Kampf gegen Rom die Führung zu übernehmen (80). Als Sertorius diesem Ansinnen entsprach, muss er gewusst haben, wie sehr sich die Ziele und Interessen seiner römischen und keltiberischen Gefolgschaft voneinander unterschieden; dass er jahrelang erfolgreich zwischen beiden Seiten vermittelte, zeigt die kluge Menschenführung des Feldherrn. Bereits zu Beginn seiner Laufbahn als Militärtribun in Spanien stationiert, kannte er die Mentalität der Landesbewohner; geschickt nutzte er deren Aberglauben und schmeichelte ihrem Selbstbewusstsein: In seiner Kommandozentrale Osca (j. Huesca) gründete er eine Schule, in der die Kinder des einheimischen Adels wie kleine Römer erzogen wurden; zugleich bürgten sie freilich als Geiseln für die Treue ihrer Stämme. Die italischen Anhänger gewann Sertorius durch die strikte Beibehaltung der überkommenen Staatsform, etwa die Gründung eines „Gegensenates".
Zugleich erwies sich der Schüler des Marius als hochbefähigter Heerführer; er besiegte die sullanischen Statthalter beider spanischer Provinzen und dehnte den eigenen Machtbereich bis zum Ebro aus. Auch gegen →Pompeius (der in diesem Krieg stets im Schatten seines Kollegen Metellus stand) blieb er zunächst erfolgreich, wurde aber später allmählich in die Defensive gedrängt und musste zur Guerillataktik übergehen, die er gleichfalls virtuos beherrschte.

Zunehmend wuchs jedoch die Unzufriedenheit in seinem heterogenen Heer; den Abfall spanischer Völker bestrafte er gnadenlos durch die Niedermetzelung der Schülergeiseln von Osca. Schließlich beseitigte ihn sein eigener Legat Perperna durch Mord, erlag jedoch wenig später selbst den Truppen des Pompeius. Sertorius blieb stets vor allem den Zielen der römischen Popularen verhaftet; daher erstrebte er keinen iberischen „Nationalstaat", sondern den Sieg über die innenpolitischen Gegner. Dass er dabei keine Bedenken trug, sich mit Mithridates von Pontos zu verbünden, wird man ihm nicht vorwerfen dürfen – schließlich kämpfte er um das eigene Leben, nicht nur um die Macht! Daher ist seine Verurteilung als „Hochverräter" (H. Berve) unberechtigt, ebenso freilich die gelegentlich nahezu hymnische Verehrung, die mit der Biographie Plutarchs beginnt und in Mommsens Einschätzung des Sertorius als Vorläufer Caesars gipfelt.

„Denn damals war niemand im Krieg erfahrener oder erfolgreicher als er; daher nannten ihn die Keltiberer...„Hannibal", da sie diesen für den kühnsten und listigsten aller Feldherrn...hielten" (Appian, civ. 1, 112).

Lit.: H. Berve, Sertorius, Hermes 64, 1929, 199-227
A. Schulten, Sertorius, Leipzig 1926

Legende der Unterdrückten:

Spartacus (gest. 71 v. Chr.)

Im größten Sklavenaufstand der Antike brachte er Rom in tödliche Gefahr; der Name des kühnen Thrakers wurde später zum Programm der politischen Linken.

Im Gefolge der römischen Eroberungskriege waren ungezählte Gefangene nach Italien verschleppt worden; zu Tausenden arbeiteten sie auf den Latifundien ihrer Herren, fronten in den Bergwerken – oder dienten als Nachwuchs

Amphitheater in Santa Maria Capua Vetere

für die Gladiatorenkämpfe.[35] Zu ihnen zählte der Thraker Spartacus, dessen Name vermuten ließ, er sei der Königsfamilie der Spartokiden entsprossen – angesichts seiner außergewöhnlichen militärischen und organisatorischen Fähigkeiten durchaus kein abwegiger Gedanke.

Den Tod in der Arena vor Augen, brach er mit etwa 70 Gefährten aus der Gladiatorenkaserne von Capua aus und fand bald Zulauf; am Vesuv schlugen die Flüchtigen eine römische Einheit von 3000 Mann (73 v. Chr.). Weitere Siege folgten, und das Heer der Sklaven wuchs in kurzer Zeit auf angeblich 40.000 Mann, die den Süden Italiens plündernd durchzogen. Wahrscheinlich plante Spartacus, seine Anhänger über die Reichsgrenzen in die Freiheit zu führen. Die gallischen und germanischen Scharen wollten sich dagegen durch weitere Raubzüge für ihre Leiden rächen; sie trennten sich vom Hauptheer und wurden von den Römern vernichtend geschlagen.

Durch mehrere Siege erkämpfte sich der Thraker den Weg nach Norden; das Ziel lag greifbar nahe. Aus ungeklärten Gründen kehrte er jedoch in das südliche Italien zurück, das furchtbar unter den verheerenden Plünderungen

litt. Nun übernahm der reichste Mann Roms, M. Licinius Crassus, das Kommando. Er drängte die Aufständischen auf die Stiefelspitze Italiens zurück und schloß sie mit gewaltigen Befestigungen ein. Der Versuch des Spartacus, mit Hilfe einer Piratenflotte nach Sizilien zu entkommen, scheiterte; dennoch gelang ihm schließlich der Durchbruch. Dann erlag er jedoch dem Heer des Crassus nach tapferem Kampf bei Petelia; angeblich fielen 60.000 Sklaven, 6000 Fliehende gerieten in die Hand des →Pompeius, der sie an der Via Appia kreuzigen ließ. Spartacus selbst war in der Schlacht gefallen – „wie ein wirklicher Feldherr", berichtet ein antiker Autor anerkennend. Tatsächlich hatte er sich nicht nur durch Tapferkeit und Todesverachtung als wahrer Heerführer gezeigt, sondern auch durch taktisches Geschick in wechselnden Situationen, die Organisation der zusammengewürfelten Scharen sowie seine hervorragende Menschenführung.
Die Heldengestalt des Thrakers, der den größten Sklavenaufstand des Altertums entfesselte und eine Weltmacht erzittern ließ, hat die Nachwelt fasziniert – Lessing und Grillparzer ebenso wie Marx und Lenin. Karl Liebknecht und Rosa Luxemburg griffen seinen Namen im „Spartakusbund" auf, bis heute zählt er zu den „Heiligen" des Kommunismus. Aber auch ein aufwendiger Hollywood-Film schildert seinen Kampf gegen Rom – mit zahlreichen historischen Entstellungen, aber eindrucksvoll in düsterer Monumentalität.

„Spartacus erscheint als der famoseste Kerl, den die ganze antike Geschichte aufzuweisen hat. Großer General…, nobler Charakter, real repräsentative des antiken Proletariats" (K. Marx).

Lit.: J.- P. Brisson, Spartacus, Paris 1959
A. Guarino, Spartakus. Analyse eines Mythos, München 1980
R. Günther, Der Aufstand des Spartacus, Berlin 1979

Treuer Sachwalter oder Verräter?

Fl. Stilicho (um 365–408 n. Chr.)

Jahrelang bewahrte er das Reich vor den Westgoten und anderen feindlichen Scharen; eine antigermanische Bewegung führte schließlich zum Sturz des Heermeisters.

→Constantin d. Gr. hatte damit begonnen, in erheblichem Ausmaß germanische Söldner für die römische Armee anzuwerben; allmählich waren sie zu den Offiziersrängen aufgestiegen, schließlich in die höchsten Kommandostellen. Eine bisher unerhörte Machtposition am kaiserlichen Hof hatte der Vandale Flavius Stilicho erlangt. Militärisch und politisch hochbefähigt, war er unter Theodosius I. zum Magister Militum aufgestiegen; die Heirat mit dessen Nichte und Adoptivtochter hatte seine Karriere weiter gefördert. Auf dem Sterbebett betraute ihn der Herrscher mit der Fürsorge (nicht Vormundschaft!) über seine beiden Söhne und Nachfolger Arcadius und Honorius (395 n. Chr.). Denn diese zählten erst 17 bzw. zehn Jahre; erstmals gab es keinen Kaiser, der die Macht tatsächlich ausüben konnte. Allerdings ließ sich der willensschwache Arcadius am Hof zu Konstantinopel von Ratgebern beherrschen, die das Eingreifen ihres Todfeindes Stilicho im Ostreich um jeden Preis verhindern wollten. Das sollte sich schon bald bitter rächen: Denn nach dem Ableben des Theodosius hatten sich die Westgoten unter →Alarichs Führung erhoben und plünderten die Balkanprovinzen. Als Stilicho ihnen entgegenzog, zwang ihn ein Befehl des Arcadius zum Abzug, der Griechenland der germanischen Raublust auslieferte.
In den folgenden Monaten festigte der Reichsfeldherr die Grenzen an Rhein und Donau, da drohte eine neue Gefahr: Unterstützt von den Gegnern des Heermeisters am oströmischen Hof, unterstellte sich der Statthalter Afrikas, der Maure Gildo, der (nominellen) Herrschaft des Arcadius; die Getreideversorgung der stadtrömischen Bevölkerung war ernsthaft bedroht. Allerdings gelang es Stilicho bereits im nächsten Jahr, den Aufrührer durch ein kleines Expeditionskorps zu beseitigen (398); danach sicherte er Gallien und Britannien.

Dagegen bedeutete der Einfall Alarichs in Italien höchste Gefahr (401); die kaiserliche Residenz Mailand wurde von den Goten belagert, während der Hof in Ravenna Zuflucht fand, das wegen seiner Lage in unzugänglichen Sümpfen als uneinnehmbar galt. Aus den Provinzen wurden Truppen abgezogen, die Mauern Roms verstärkt. Schließlich vermochte Stilicho die Feinde abzudrängen; nach unentschiedenem Kampf bei Pollentia fügte er Alarich bei Verona eine schwere Niederlage zu. Dass er den Gegner damals nicht endgültig ausschaltete, sondern entkommen ließ und ihm Wohnsitze an der Save zuteilte, galt später als Verrat. In Wirklichkeit blieb dem Heermeister keine andere Wahl: Er benötigte die zivilisierteren Goten als Schutzwall gegen die wilderen „Barbaren" jenseits der Reichsgrenzen; seine Siege sollten daher Alarich zu Bündnis und Loyalität zwingen, aber nicht völlig vernichten.
Die größere Bedrohung zeigte sich wenig später, als ein riesiges Germanenheer von angeblich 100.000 Mann unter dem König Radagaisus in Italien einfiel. Von Stilicho geschlagen, wurden die Feinde bei Faesulae (j. Fiesole) eingeschlossen und zur Kapitulation gezwungen. Hier gab es keine Gnade; Zehntausende wurden niedergemacht oder in die Sklaverei verkauft, ihr Anführer starb auf dem Schafott (406). Noch im selben Jahr traf das Imperium ein tödlicher Schlag; Alanen, Vandalen und Sueben überschritten den Rhein und zogen plündernd durch Gallien. Mehrere Usurpationen folgten (→Constantius), der Westen des Reiches war verloren. Gleichzeitig nutzte Alarich die Schwäche Roms zur Erpressung einer ungeheuren Geldsumme.
Diese Ereignisse untergruben die Machtstellung Stilichos; während er plante, nach dem Tod des Arcadius (408) in Konstantinopel die Regentschaft zu übernehmen, siegte in Italien – wie wenige Jahre zuvor im Osten – eine antigermanische Reaktion, die der Überfremdung von Heer und Staat ein Ende setzen wollte. Als sich Honorius dieser Bewegung anschloss, war das Schicksal des einst allmächtigen Heermeisters besiegelt; er wurde gestürzt und als „Hochverräter" hingerichtet. Aber schon bald sollte er einen Rächer finden – zwei Jahre nach Stilichos Tod sah das gedemütigte Rom die siegreichen Scharen Alarichs in seinen Mauern.

„...von allen Mächtigen dieser Zeit war er der maßvollste" (Zos. 5, 34,5).

Lit.: S. Mazzarino, Stilicone, Rom 1942
E. Nischer – Falkenhof, Stilicho, Wien 1947

Marsch auf Rom:

L. Cornelius Sulla (138–78 v. Chr.)

Bedenkenlos führte er das neue Berufsheer gegen seine innenpolitischen Gegner in den Bürgerkrieg; erfolgreich sicherte er die römische Macht im Osten.

In den Kriegen gegen Numider und Germanen hatte →C. Marius durch tiefgreifende militärische Reformen die neue römische Berufsarmee begründet; aber erst sein innenpolitischer Gegner L. Cornelius Sulla sollte alle ihre Möglichkeiten bedenkenlos nutzen. Unter dem späteren Rivalen hatte er sich in Nordafrika ausgezeichnet und nach eigener Auffassung durch die Gefangennahme des feindlichen Königs Iugurtha den Krieg beendet. Auch bei der Vernichtung der Kimbern beanspruchte er den größeren Ruhm für sich selbst. Zudem trennte ihn nahezu alles von seinem früheren Oberfeldherrn – die adlige Herkunft ebenso wie die aristokratische Lebensführung und die Zugehörigkeit zur Senatspartei der Optimaten. Die Rivalität der beiden bedeutendsten Feldherren ihrer Zeit sollte eine ganze Epoche prägen. Seit seinen Erfolgen im Krieg gegen die italischen Bundesgenossen, die das römische Bürgerrecht einforderten, begann Sulla den Gegner zu verdrängen; daher wurde ihm als Konsul der Oberbefehl gegen Mithridates VI. von Pontos übertragen.
Der König hatte sein ererbtes Land im Norden Kleinasiens tatkräftig um das Bosporanische Reich auf der Krim sowie Gebiete im Kaukasus erweitert; bei der Expansion nach Kleinasien stieß er jedoch auf die Interessensphäre der Römer. Diese veranlassten ihre orientalischen Klientelfürsten zum Angriff auf den pontischen Herrscher und lösten dadurch eine Reihe von Kriegen aus, die erst unter →Pompeius ihr Ende finden sollten. Siegreich fiel Mithridates in die Provinz Asia ein und erließ in Ephesos seinen berüchtigten Blutbefehl, dem 80.000 Italiker zum Opfer fielen – Beweis für den glühenden Hass der Bevölkerung gegen die römische Herrschaft (88 v. Chr.). Auch in Griechenland traten Athen und andere Städte auf die Seite des Königs.
Nun sollte Sulla das Kommando im Osten übernehmen; aber selbst angesichts der äußeren Bedrohung ruhten die inneren Streitigkeiten nicht: Ein

Volksbeschluss übertrug den Oberbefehl auf Marius. Jetzt kannte der abgesetzte Feldherr keine Bedenken mehr; er führte die Armee gegen seine Feinde – und damit gegen Rom! Die politischen Gegner wurden vertrieben und geächtet, dann wandte er sich dem Krieg in Griechenland zu. Nach langer Belagerung wurde Athen erstürmt und schonungslos geplündert, weit überlegene Heere des Mithridates bei Chaironeia und Orchomenos geschlagen (86). Die Rückkehr des Marius in die Hauptstadt nötigte Sulla im folgenden Jahr zum Frieden von Dardanos; der Status quo wurde wiederhergestellt, der besiegte Herrscher lediglich zu einer Kriegsentschädigung verpflichtet – die „Vesper von Ephesos" blieb ungesühnt. Danach schaltete der siegreiche Heerführer die Truppen der popularen römischen Seite aus, die Mithridates ebenfalls erfolgreich bekämpft hatten; gnadenlos wurden Asien und Griechenland ausgeplündert.
Dann wandte er sich dem unausweichlichen Bürgerkrieg zu. Nach schweren Kämpfen fiel die Entscheidung am Collinischen Tor von Rom; nur mit größtem persönlichen Einsatz entschied Sulla die Schlacht gegen die aufständischen Samniten (82). In Praeneste (j. Palestrina) eingeschlossen, gab sich der Sohn des Marius selbst den Tod; schon bald wuchs dort zur Erinnerung an das Ende des Bürgerkrieges das grandiose Heiligtum der Fortuna Primigenia empor. Unerbittlich war die Rache des Siegers: Trotz aller Versprechungen wurden Tausende von Gefangenen niedergemacht, das Grab des Marius geschändet, ungezählte Gegner des neuen Regimes fielen den Proskriptionen zum Opfer. Als „dictator legibus scribundis et rei publicae constituendae"[36] mit bisher unerhörter Machtfülle ausgestattet, erließ Sulla in den nächsten Monaten zahlreiche Gesetze, die dauerhaft die Macht des Senates sichern sollten. Danach zog er sich aus dem öffentlichen Leben zurück (79) – dafür erklärte ihn →Caesar später zum politischen Analphabeten – und widmete sich den eigenen Memoiren; die „Sullanische Ordnung" überlebte ihn nur um wenige Jahre. Aber das Vorbild seiner Bedenkenlosigkeit und Grausamkeit sollte die folgenden Jahrzehnte in einer Epoche der Bürgerkriege prägen, ebenso die propagandistische Begabung sowie das Geschick, das neugeschaffene Berufsheer als Instrument zur eigenen Machtergreifung zu nutzen. Gewonnen durch überlegene Führung und den eigenen Einsatz im Kampf, vor allem aber durch die Bereitschaft, die Soldaten mit Geld und Geschenken bei Laune zu halten (freilich auf Kosten der ausgeplünderten Bevölkerung), wur-

de das Heer aus einem Werkzeug staatlicher Politik zu einem persönlich ergebenen Gefolge des Feldherrn.

„Obwohl ihn das Glück am meisten von allen Menschen begünstigte, übertraf es doch niemals seine eigene Leistung“ (Sall. Iug. 95,4).

Lit.: E. Badian, Sulla, the deadly Reformer, Sydney 1970
K. Christ, Sulla. Eine römische Karriere, München 2002

Der Retter Griechenlands:

Themistokles (um 524–um 459 v. Chr.)

Durch den Bau einer mächtigen Kriegsflotte ermöglichte er die Abwehr der persischen Invasion und den Aufstieg Athens zur Vormacht in Griechenland.

Im 6. Jh. v. Chr. war das persische Reich der Achämeniden zur Weltmacht aufgestiegen; es erstreckte sich von Kleinasien bis zum Indus. Umso schmerzvoller war für den stolzen Großkönig Dareios das Scheitern einer Strafexpedition gegen Athen durch die Niederlage bei Marathon (→Miltiades). Zehn Jahre später unternahm sein Nachfolger Xerxes einen weiteren Feldzug, diesmal jedoch zur Eroberung von ganz Griechenland; er selbst führte eine gewaltige Streitmacht zu Wasser und zu Lande nach Europa.

Dort war ihm allerdings ein weitsichtiger Gegner erwachsen, der die drohende Gefahr längst vorhergesehen hatte: Der athenische Staatsmann Themistokles – selbst als Stratege an der Schlacht von Marathon beteiligt – hatte erkannt, dass nur der Aufbau einer schlagkräftigen Flotte die griechische Freiheit retten konnte. Bereits als Archon sorgte er daher für die Erweiterung des Hafens in Piräus (493/92); nach dem Tod des Miltiades zum führenden Politiker der Heimatstadt aufgestiegen, gewann er die Bürgerschaft für den Bau von 200 Trieren, finanziert durch neuentdeckte Silbervorkommen im attischen Laureion.[37] Angesichts der persischen Bedrohung ließ er seine einstigen

innenpolitischen Gegner aus der Verbannung zurückberufen und schmiedete durch die Beilegung von Konflikten zwischen den hellenischen Staaten ein Bündnis nahezu aller Griechen unter spartanischer Führung.
Er selbst befehligte die athenischen Landstreitkräfte, die zunächst eine Abwehrstellung am Olymp bezogen, dann aber die unhaltbare Position aufgaben und sich zu den Thermopylen zurückzogen. Bei dem nahen Artemision (an der Nordspitze Euböas) ankerte die Flotte unter dem Kommando des Spartaners Eurybiades. So sollten die Perser zu Wasser und zu Lande aufgehalten werden; ob Themistokles an den operativen Planungen beteiligt war, ist nicht bekannt, aber höchst wahrscheinlich. Durch die Vernichtung der Streitmacht des →Leonidas erkämpften sich die Perser den Weg nach Mittelgriechenland; die Flotte der Hellenen wandte sich nach Süden und legte sich in den Sund von Salamis. Dadurch wurde die Räumung Athens unvermeidlich; die Evakuierung der Stadt von etwa 100.000 Einwohnern war eine großartige organisatorische Leistung, nur möglich durch sorgsame Vorbereitung. Von wenigen Zurückgebliebenen verteidigt, wurde die Stadt mühelos eingenommen und zerstört; jegliche Hoffnung auf den Fortbestand Athens lag nun bei den Schiffen. So hatte es bereits zu Kriegsbeginn das Orakel von Delphi verkündet (sicher nicht ohne das Einwirken des Themistokles!): Allein die „hölzerne Mauer“ würde den Feinden widerstehen.
Nun planten die Perser den entscheidenden Angriff auf die befestigte Stellung des griechischen Landheeres auf dem Isthmus von Korinth; zuvor sollte jedoch die Flotte der Hellenen ausgeschaltet werden. Erfolgreich war Themistokles dem Vorschlag entgegengetreten, auch die Schiffe zu der Landenge abzuziehen. Um eine Entscheidung zu erzwingen, fuhr die Flotte des Großkönigs in den Sund von Salamis ein. Der Herrscher selbst beobachtete das Geschehen auf goldenem Thron von einer benachbarten Anhöhe. Aber seine Streitkräfte konnten auf dem beengtem Raum weder ihre zahlenmäßige Übermacht noch das überlegene seemännische Können – vor allem der phönizischen Kontingente – entfalten; ihre vernichtende Niederlage bedeutete die Rettung Griechenlands (Sept. 480). Ob Wahrheit oder Legende – Themistokles selbst soll durch eine List die Schlacht herbeigeführt haben: in einer geheimen Botschaft habe er Xerxes zum sofortigen Angriff geraten, damit die Hellenen nicht ihre Stellung aufgeben und sich zerstreuen könnten.

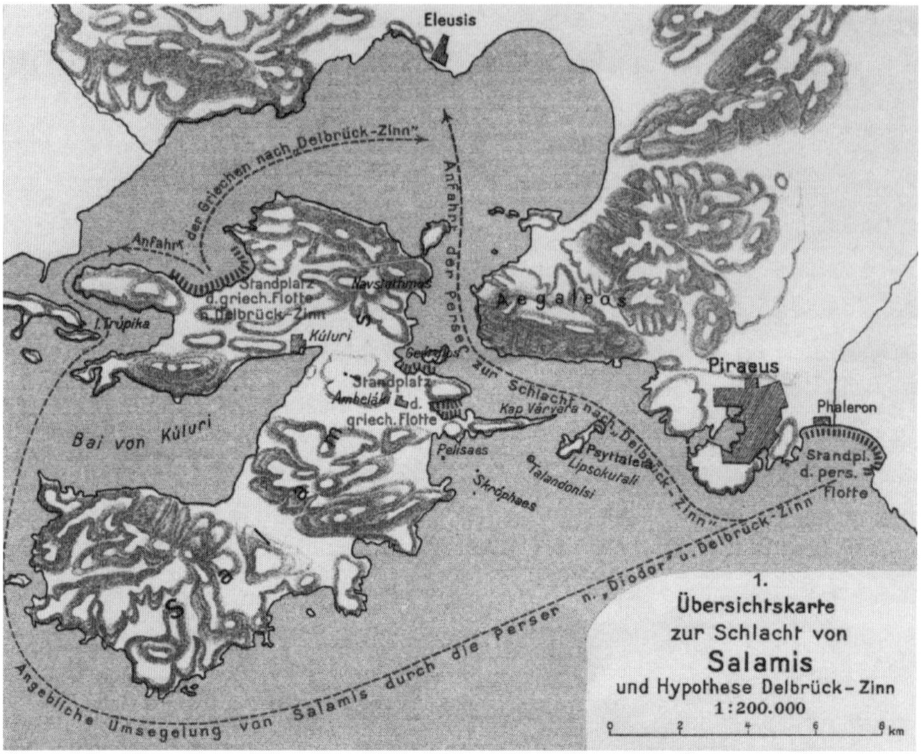

Seeschlacht bei Salamis

Nach der Niederlage kehrte der König in die Heimat zurück; der Vorschlag des athenischen Feldherrn, dem geschlagenen Feind durch die Zerstörung der Brücken am Hellespont den Weg zu versperren, verhallte ungehört. Das Kommando über die in Griechenland verbliebenen persischen Truppen übernahm der kriegserfahrene Mardonios; im folgenden Jahr verlor er bei Plataiai gegen das Heer der Verbündeten Schlacht und Leben. Damals war Themistokles offenbar bereits „kaltgestellt“; bei der Schilderung des Feldzuges wird er jedenfalls nicht mehr erwähnt und scheint demnach kein Kommando geführt zu haben. Maßgeblich wirkte er danach für die Vollendung seines Traums von einer attischen Seemacht. Weitsichtig erkannte er auch, dass letztlich ein Konflikt mit dem gegenwärtigen Verbündeten Sparta unausweichlich war. Als der Kriegerstaat die Wiederbefestigung des zerstörten Athen verhindern wollte, begab er sich daher als Gesandter dorthin und zog die Verhandlungen

geschickt in die Länge, während das gesamte Volk der Athener in aller Eile die neuen Mauern errichtete (479/78).
Aber auch der Sieger von Salamis verfiel – ungeachtet aller Verdienste – dem Undank (und der chronischen Tyrannenfurcht) seiner Landsleute. Allmählich wurde er durch den aufstrebenden →Kimon verdrängt, später ostrakisiert und in Abwesenheit wegen Hochverrats zum Tode verurteilt (472/71); auf abenteuerlichen Wegen rettete er sich nach Kleinasien. Zuflucht fand er bei den einstigen persischen Feinden; mit einem großzügigen Lehen ausgestattet, beschloss der Retter der griechischen Freiheit sein Leben in Magnesia (am Mäander).

„Durch seine angeborene Klugheit und die rasche Auffassungsgabe war er am meisten befähigt, die richtige Entscheidung zu treffen" (Thuk. 1,138,3).

Lit.: A. J. Podlecki, The Life of Themistokles. A critical Survey of the Literary and Archaeological Evidence, Montreal/London 1975

Optimus princeps:

M. Ulpius Traianus (98–117 n. Chr., geb. 53)

Durch die siegreichen Feldzüge des „Musterkaisers" gegen Daker und Parther erreichte das Imperium Romanum die größte Ausdehnung seiner Geschichte.

Tatkräftig hatte Domitian das Reich gegen äußere Feinde gesichert; die Einführung des Gottkaisertums erwies sich allerdings als verfrüht. Als der „tyrannische" Herrscher einem Anschlag zum Opfer fiel, wurde der greise Nerva zum Nachfolger erhoben. Von einer Revolte der Praetorianergarde bedroht, adoptierte er nach wenigen Monaten den Statthalter von Obergermanien, M. Ulpius Traianus (97 n. Chr.), der zwar über militärische Erfahrung verfügte, aber noch keine wichtigen Kommandos geführt hatte. Mit seiner Ernennung zum Mitregenten und dem Regierungsantritt im folgenden Jahr begann die Epoche der „Adoptivkaiser": Das Fehlen von Leibeserben zwang die römischen Herrscher, geeignete Männer an Sohnes statt anzunehmen, um durch die „Wahl der Besten" ohne dynastische Zwänge die Kontinuität der Macht zu sichern. Unter einer einzigartigen Reihe von bedeutenden Regenten erlebte das Römische Reich seine größte Blütezeit; nach Auffassung vieler moderner Historiker war es sogar die glücklichste Epoche der Weltgeschichte.

Im spanischen Italica geboren, war Trajan der erste römische Kaiser von nichtitalischer Herkunft. Bevor er sich nach dem Ableben Nervas in die Hauptstadt begab, sicherte er die Grenzen an Rhein und Donau, u. a. durch die Gründung der Kolonien Ulpia Traiana (j. Xanten) und Ulpia Noviomagus (j. Nijmwegen). Die Truppenstärke wurde erhöht, mit den (meist germanischen) Equites Singulares Augusti eine berittene Gardeeinheit aufgestellt. Aber noch immer bedrohte das mächtige Reich der Daker (im heutigen Rumänien) unter seinem hochbefähigten König Decebalus das Imperium. Seit dem Friedensschluss unter Domitian musste ihm Rom sogar „Hilfsgelder" leisten – eine euphemistische Umschreibung für Tribute. Zudem scheint Trajan erkannt zu haben, dass die damaligen Flussgrenzen an Rhein, Donau und Euphrat nur trügerischen Schutz boten; daher wollte er sie durch Gebirgsgrenzen als wirksame Barrieren gegen äußere Bedrohungen ersetzen.

Im ersten Dakerkrieg (101/2) führte der Kaiser selbst die Legionen nach der Schlacht bei Tapae in das heutige Siebenbürgen. Ein Entlastungsstoß der Feinde gegen Moesien nötigte ihn zur Umkehr; sein Sieg in der Dobrudscha (beim heutigen Adamklissi) zwang jedoch Decebalus zum Frieden. Da er schon bald für einen weiteren Waffengang rüstete, kam es erneut zum Krieg (105/6); er endete mit der Eroberung der feindlichen Hauptstadt Sarmizegetusa und dem Selbstmord des dakischen Königs in auswegloser Lage. Eindrucksvolle Monumente erinnerten an die Erfolge des Kaisers, finanziert aus der ungeheuren Kriegsbeute: das Tropaeum Traiani in Adamklissi sowie das Trajansforum mit der figurenreichen Triumphsäule des siegreichen Herrschers. Das unterworfene Land aber ist in seiner Sprache bis heute von der römischen Herrschaft geprägt. Zur gleichen Zeit wurde das Nabatäerreich von Petra nach dem Tod des letzten Fürsten zur Provinz.

Die Vertreibung des von Rom eingesetzten Klientelkönigs von Großarmenien durch die Parther führte zum Krieg im Osten (113). Aufgrund der lückenhaften Überlieferung ist sein Verlauf nicht mehr zu rekonstruieren, ebenso die endgültigen Ziele des Kaisers. Dieser eroberte zunächst das kau-

Triumphsäule des Trajan, Rom

kasische Bergland und richtete dort die Provinz Armenia ein; dann stieß er nach Süden vor und besetzte die parthische Hauptstadt Ktesiphon (116). Auch Mesopotamien wurde in eine Provinz umgewandelt, Trajan besuchte das Sterbehaus →Alexanders d. Gr. in Babylon und drang bis zum Persischen Golf vor. Da erhoben sich die Juden in Zypern und Nordafrika gegen die römische Herrschaft; zugleich fielen die neugewonnenen Gebiete im Orient wieder ab. Zwar wurden sie erneut unterworfen, doch scheiterte ein Feldzug gegen die Wüstenstadt Hatra; dabei führte der über 60jährige Trajan unter Lebensgefahr selbst einen Angriff. Bereits erkrankt, entschloss er sich zur Heimreise nach Italien; auf dem Weg starb er im kleinasiatischen Selinus. Die Asche des Kaisers wurde in einer goldenen Urne im Sockel seiner Triumphsäule beigesetzt.
Der militärische Ruhm des letzten bedeutenden Eroberers der römischen Geschichte, unter dem das Imperium die größte Ausdehnung erreichte, zudem seine hervorragende Regierung, ließen ihn als Idealbild eines Herrschers erscheinen, als „optimus princeps“. Noch Jahrhunderte später pflegte der Senat einen neuen Kaiser nach seiner Erhebung mit dem Ruf zu begrüßen: „Sei vom Glück begünstigter als Augustus, besser als Trajan!“

„Die ganze Kraft des römischen Volkes und die Größe der antiken Cultur erscheint in diesem gewaltigen Manne in einer letzten Verkörperung“ (A. von Domaszewski).

Lit.: A. Nünnerich-Asmus (Hrsg.), Traian. Ein Kaiser der Superlative am Beginn einer Umbruchzeit?, Mainz 2002
R. Paribeni, Traiano, Rom 1941

Ein tragischer Held:

Vercingetorix (um 82–46 v. Chr.)

Im Freiheitskampf der Gallier brachte er Caesar an den Rand einer Niederlage, unterlag jedoch zuletzt dem überlegenen Genie des römischen Feldherrn.

In mehrjährigem Krieg hatte →Caesar die gallischen Stämme unterworfen, zudem die Legionen über den Rhein und nach Britannien geführt. Aber die römische Herrschaft war noch nicht gefestigt. Der Verlust der Unabhängigkeit schmerzte die besiegten Völker ebenso wie die drückenden Tribute und die Einführung eines fremden Rechtswesens. Die Ermordung von italischen Kaufleuten in Cenabum (j. Orleans) wurde zum Fanal für den Freiheitskampf des ganzen Landes. An die Spitze der Bewegung trat – wohl wegen der einstigen Machtstellung seines Vaters – der Arverner Vercingetorix; zum König ausgerufen, übernahm er den Oberbefehl der vereinten Stämme. Der noch junge Heerführer erwies sich schon bald als der gefährlichste Gegner der Römer im Gallischen Krieg. Mit eiserner Härte setzte er in dem heterogenen Heer eine den Kelten bisher ungewohnte Disziplin durch; die Macht seiner Persönlichkeit ließ sie jedoch willig die schweren Opfer ertragen, die eine neuartige Kriegführung ihnen abforderte. Denn die vergangenen Jahre hatten gezeigt, dass die gallischen Aufgebote den Legionen in offener Feldschlacht nicht gewachsen waren. Daher wählte Vercingetorix die Strategie der „verbrannten Erde“: Alle Siedlungen wurden geräumt und eingeäschert, die Römer von jeglicher Zufuhr abgeschnitten, kleinere Abteilungen von der überlegenen keltischen Reiterei niedergemacht. Dadurch geriet Caesar schon bald in äußerste Bedrängnis; auch die Eroberung von Avaricum (j. Bourges) schadete dem Ansehen seines Gegners nicht – hatte er doch davon abgeraten, die Hauptstadt der Biturigen zu verteidigen. Zudem erlitt der römische Feldherr bei einem Angriff auf die Bergfestung Gergovia (bei Clermont-Ferrand) die erste Niederlage seiner Laufbahn. Nun traten auch die ältesten Verbündeten der Römer in Gallien, die Häduer, auf die Seite der Aufständischen. Vercingetorix hatte den Gipfel des Erfolges erreicht: 42 Stämme folgten ihm, die Feinde schienen endgültig besiegt. Aber vielleicht überschätzte der Arver-

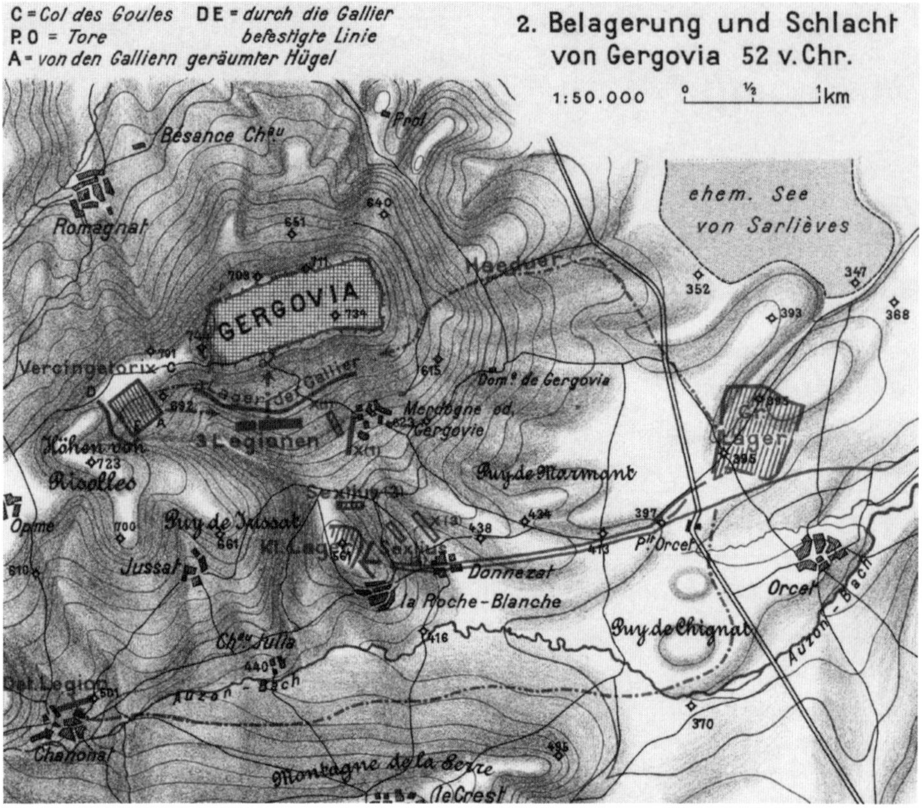

Schlacht bei Gergovia

ner jetzt die eigenen Möglichkeiten; er ging von der bisherigen erfolgreichen Strategie ab und wagte einen Angriff auf das römische Heer, wohl im Vertrauen auf seine überlegene Kavallerie. Caesar hatte jedoch inzwischen germanische Reiter angeworben, die sich als entscheidende Waffe erwiesen; der geschlagene Vercingetorix zog sich in das nahegelegene Alesia zurück. Dort wurde er eingeschlossen und belagert, während sich im ganzen Land die Stammesaufgebote zu seiner Unterstützung sammelten. Gegen die drohende Gefahr sicherten sich die Römer durch gewaltige Befestigungen nach beiden Seiten ab. Aber auch als sie gleichzeitig den Ansturm des Entsatzheeres und die Ausfälle der Eingeschlossenen abwehren mussten, blieben die kampferprobten Legionen siegreich; der Widerstand Galliens war gebrochen. Vielleicht im Vertrauen auf das frühere freundschaftliche Verhältnis zu Caesar

überlieferte sich Vercingetorix dem Sieger; bei dessen Triumph starb er sechs Jahre später von Henkershand.
Wie niemand zuvor hatte er die einst zerstrittenen Stämme geeint; seine politische Weitsicht, sein Charisma ließen einen keltischen „Nationalstaat" als denkbar erscheinen. Die kluge Strategie des Arverners hätte beinahe zum Sieg geführt; er verspielte ihn jedoch durch eigene Fehler. Frankreich verehrt ihn bis heute als nationalen Mythos; auf dem Plateau von Alesia erhebt sich das monumentale Standbild des tragischen Helden. Die Ähnlichkeit mit dem Hermannsdenkmal bei Detmold beruht nicht nur auf der nahezu gleichzeitigen Entstehung im Zeitalter des Historismus – Vercingetorix hätte tatsächlich zum „gallischen →Arminius" werden können.

„...ein Schöpfer großzügigster Kriegspläne, war er zugleich der unermüdlichste Organisator seiner Kriegsmacht, deren Schwächen er...auch im Taumel des höchsten Erfolges niemals übersah. Seit dem Tode des Siegers von Cannae war den Römern kein solcher Gegner erwachsen" (G. Veith).

Lit.: J. Harmand, Vercingétorix, Paris 1984
C. Jullian, Vercingétorix, Paris 1901

Meister des Guerillakrieges:

Viriatus (um 190–139 v. Chr.)

Jahrelang kämpfte er erfolgreich gegen die überlegenen römischen Legionen; erst nach seiner Ermordung wurden die Lusitaner unterworfen.

Im 2. Punischen Krieg war das karthagische Kolonialreich in Spanien an die siegreichen Römer gefallen. Schon bald führte ihre ungewohnt harte Herrschaft zu Aufständen, denen man mit gnadenloser Brutalität begegnete. So ließ der Praetor Servius Sulpicius Galba drei lusitanische Stämme (im heutigen Portugal) niederhauen, obwohl sie sich unterworfen hatten (150 v. Chr.).

Nur wenige entkamen dem Massaker – unter ihnen der ehemalige Hirte (und Räuber) Viriatus, der nun die Führung im Freiheitskampf seines Volkes übernahm. In den folgenden Jahren schlug er mehrere römische Armeen, drang plündernd auf feindliches Gebiet vor und weitete seine Macht bis in das heutige Andalusien aus. Dass die gegnerischen „Feldherren" ihre Truppen mehrfach bereits im Sommer (!) in die Winterquartiere schickten, offenbarte ihre völlige Ratlosigkeit; gnadenlos zeigte sich hier die schwere Krise der Republik, die schon bald in das „Jahrhundert der Bürgerkriege" münden sollte. Dagegen verstand Viriatus das eigene Volk, das zuvor keine politische Ordnung gekannt hatte, zum Kampf zusammenzuschweißen. Glänzend nutzte er das unwegsame Gelände der Iberischen Halbinsel (das noch den napoleonischen Soldaten Schwierigkeiten bereiten sollte) sowie die leichte Bewaffung der Lusitaner zum Kleinkrieg; er gilt als der unübertroffene Meister der Guerillataktik im gesamten Altertum.

Schließlich gelang ihm ein durchschlagender Erfolg: Ein römisches Heer wurde in einen Hinterhalt gelockt, die Eingeschlossenen waren verloren. In dieser Situation zeigte Viriatus kluge Mäßigung; statt die Feinde zu vernichten und dadurch ewige Rache herauszufordern, schloss er mit dem gegnerischen Heerführer einen Friedensvertrag, der die Unabhängigkeit der Lusitaner anerkannte. Das große Ziel war erreicht, er stand auf dem Gipfel seiner Feldherrnlaufbahn (140). Die Abmachung wurde vom römischen Volk bestätigt, durch den Senat hingegen im folgenden Jahr aufgehoben. Man hat Viriatus vorgeworfen, er habe seinen Erfolg nicht hinreichend ausgenutzt; aber er muss erkannt haben, dass ein langwieriger Krieg angesichts der Kräfteverhältnisse nur in den eigenen Untergang führen konnte. Nach dem römischen Vertragsbruch gingen die Kämpfe weiter; bei Verhandlungen gewann der Proconsul Caepio einige der lusitanischen Gesandten für ein Attentat auf ihren unbesiegbaren Anführer; bei der Heimkehr ermordeten sie den Schlafenden in seinem Zelt. Die römische Niedertracht vollendete der Wortbruch an den Tätern – der versprochene Lohn blieb ihnen verwehrt. Ihres Feldherrn beraubt, wurden die Lusitaner schon bald unterworfen.

Der Ruhm des Viriatus lebte bis in die Spätantike fort; dass er in den Schriften der siegreichen Gegner überliefert wurde, zeigt die Faszination seiner Persönlichkeit, die freilich eindrucksvoll genug mit der römischen Perfidie kontrastiert. Im Humanismus als „Ahnherr der Portugiesen“ wiederentdeckt und von Camões besungen, gilt er bis heute als Nationalheld; daher ziert sein Denkmal den Triumphbogen auf der Praça do Comércio im Herzen von Lissabon.

„Viriatus, der spanische Romulus“ (Florus 1,33,15).

Lit.: J. S. Richardson, The Romans in Spain, Oxford 1996
H. Simon, Roms Kriege in Spanien, Frankfurt/M. 1962

Glossar

Achämeniden	Herrscherdynastie des persischen Reiches
Ala	röm. Reiterabteilung (500–1000 Mann)
Alanen	iran. Reitervolk
Amon	ägypt. Reichsgott
Archon	höchster Staatsbeamter in Athen
Arianisch	„ketzerische" Lehre, dass Christus nicht wesensgleich mit Gottvater ist
Auxilia	fremdstämmige Hilfstruppen im röm. Heer
Baktrien	Landschaft im heutigen Afghanistan
Balthen	got. Herrschergeschlecht
Bithynien	Landschaft im Nordwesten Kleinasiens
Boiotarch	Staatsbeamter des Boiotischen Bundes (um Theben)
Comes	spätröm. Amtsbezeichnung
Condottiere	Söldnerführer
Dakien	Donaugebiet (j. Rumänien)
Diadochen	Nachfolger Alexanders d. Gr.
Dictator (perpetuus)	außerordentliches röm. Staatsamt in Krisenzeiten (auf Lebenszeit, lediglich für Caesar verliehen)
Elam	vorderasiat. Reich (um Susa)
Epeiros (Epirus)	Landschaft in Nordwestgriechenland
Ephor	höchster spartan. Staatsbeamter
Foederaten	auswärtige Vertragspartnerstaaten, später auch „barbarische" Hilfstruppen
Foedus	(röm.) völkerrechtlicher Vertrag
Geisel	Bürge für einen Vertrag (nicht: Opfer eines Verbrechens!)
Harmost	spartan. Kommandant
Heermeister	s. Magister Militum
Hellenismus	„Weltkultur" des späten Griechentums
Heloten	Hörigenschicht in Sparta
Herme	Kultstein mit Hermeskopf
Heruler	german. Volk (am Asowschen Meer)
Hetärenreiterei	maked. Adelskavallerie („Gefährten des Königs")

Hoplit	griech. Schwerbewaffneter
Hyrkanien	Landschaft am Kaspischen Meer
Iazygen	Stamm der Sarmaten
Imperator	urspr. Ehrenname für siegreiche röm. Feldherren, später Teil der Kaisertitulatur
Juthungen	german. Volk an der Donau
Karmanien	Landschaft im Süden Irans
Karpen	dak. Volk, gab den Karpaten den Namen
Kenotaph	Scheingrab
Kohorte	röm. Militäreinheit (etwa 600 Mann)
Konsul/Konsulat	höchstes röm. Staatsamt
Konsulartribun	röm. Staatsamt, ersetzte im 5./4. Jh. v. Chr. die Konsuln
Legat	röm. Unterfeldherr, auch: Provinzstatthalter
Legion	röm. Militäreinheit (etwa 6000 Mann)
Magister Militum	Generalsrang der spätröm. Armee
Marsfeld	Ebene in der Tiberschleife, Exerzierfeld des antiken Rom (in der Kaiserzeit monumental bebaut)
Maurya	erste bedeutende Dynastie der indischen Geschichte
Medien	iran. Landschaft
Moesien	Donaulandschaft (j. Bulgarien)
Moloch	(karth.) Opfer, fälschlich als Göttername verstanden
Nauarch	griech. Admiral
Numider	Volk in Nordafrika
Optimaten	Senatspartei der späten röm. Republik
ostrakisieren	durch das „Scherbengericht" verbannen
Paionen	thrak. (?) Volk auf dem Balkan
Panegyrik	Lobrede, v. a. auf den Kaiser
Pannonien	Donaulandschaft (j. Ungarn)
Patricius	höchster spätröm. Ehrentitel
Pax Augusta	Kaiserfrieden
Phalanx	griech. Schlachtreihe
Polemarch	athen. Staatsbeamter für das Kriegswesen
Polis	griech. Stadtstaat
Pontos	Landschaft im Norden Kleinasiens
Popularen	Volkspartei der späten röm. Republik

Princeps	röm. Kaiser (als „erster Bürger")
Prokonsul/Propraetor	röm. Provinzstatthalter
Proskription	Ächtung
Ptolemäer	Herrschergeschlecht des Hellenismus in Ägypten
Raetia	Voralpenland (um Augsburg)
Religio licita	zugelassene Religion
Restitutor orbis	Erneuerer des Erdkreises
Ritter	röm. Stand (Geldadel)
Roxolanen	Stammesverband der Sarmaten
Saken	iran. Reitervolk
Sarisse	maked. Stoßlanze (ca. 6 m lang)
Sarmaten	iran. Reitervolk
Sassaniden	Herrscherdynastie des Neupersischen Reiches
Satrap	persischer Provinzstatthalter
Schophet	karth. Staatsamt (entspricht den biblischen „Richtern")
Seleukiden	Herrschergeschlecht des Hellenismus in Vorderasien
Sikeler	vorgriech. Bevölkerung Siziliens
Spartiaten	Kriegerkaste in Sparta
Stratege	Feldherr (als griech. Wahlamt)
Talent	größte griech. Währungseinheit
Tribus	röm. Stadtbezirk
Triere	antikes Kriegsschiff
Triumvirat	Bündnis oder Gremium von drei Männern
Usurpation	widerrechtliche Machtergreifung
Virtus	röm. „Tugend" (im Sinne von Tüchtigkeit)

Anmerkungen

1 Die Biographien wurden weitgehend auf den militärischen Bereich beschränkt, etwa bei Caesar und Constantin d. Gr.

2 Diese Absicht lag noch der Reichskanzlei in Berlin (1938/39) zugrunde!

3 Die Lage der Stadt ist bis heute ungeklärt.

4 Deren Ruf lebt im Namen des homerischen Helden Meriones fort.

5 „Geiseln“ bezeichnet im antiken Völkerrecht nicht die Opfer eines Verbrechens, sondern Vertragsbürgen.

6 Er selbst führte diesen Namen nie, wird aber heute für die Zeit vor der Verleihung des Ehrentitels Augustus so bezeichnet.

7 Das wird hinlänglich durch die Tatsache bewiesen, dass seine Schiffe – entgegen antikem Brauch – ihre Segelausrüstung in die Schlacht mitführten, zudem die Kriegskasse.

8 Es ist in der Militärgeschichte der einzige Fall, dass eine Landmacht eine Seemacht besiegen konnte.

9 Als Olympiasieger galt der Besitzer der Wagen!

10 Ihre Entführung wird mitunter nach der Varusschlacht angesetzt; die Quellen erlauben keine eindeutige Datierung.

11 Man versuche einmal, Vercingetorix derartig umzudeuten - und danach in den Urlaub nach Frankreich zu fahren!

12 Caesars Berichte über die Verteidigungsanlagen wurden durch Ausgrabungen unter Napoleon III. bestätigt.

13 Vierkaiserherrschaft

14 Auch → Constantin d. Gr. hatte einst seinen Siegeszug von Britannien aus angetreten.

15 Seinen Triumph ließ der siegreiche Schapur auf mehreren Felsreliefs verewigen.

16 Unter diesen ragt er auch dadurch hervor, dass er als einziger geistige Interessen zeigte; so war er mit dem neuplatonischen Philosophen Plotin befreundet.

17 In der antiken Historiographie treten „Barbaren“ stets zu Hunderttausenden auf, in jedem Fall war es wohl die bis dahin größte Flottenexpedition der europäischen Geschichte.

18 Diese Abmachung ist allerdings in der Forschung höchst umstritten.

19 Die römische Legende hat später das berechtigte Vorgehen des karthagischen Feldherrn zum grundlosen Angriff des hasserfüllten Puniers umgeformt. Angesichts der noch heute wirkungsmächtigen Siegerpropaganda sind hier wie bei anderen „Hannibal-Legenden“ gelegentlich kurze Richtigstellungen unvermeidbar.

20 Den nächsten vergleichbaren Erfolg errang P. v. Hindenburg 1914 bei Tannenberg.

21 Daher sind „gutgemeinte Ratschläge“ moderner Historiker verfehlt, die wissen wollen, wie er den Krieg für sich hätte entscheiden können.

22 Die haltlosen Legenden über seine Jugend können hier unberücksichtigt bleiben.

23 Die Historizität des Verräters Ephialtes, der angeblich dem Feind den Weg in den Rücken der Griechen zeigte, bleibt umstritten.

24 Die vom König gleichfalls zurückgehaltenen Thebaner ergaben sich in der Schlacht sofort den Persern.

25 Von dort brachte er die Kirsche nach Rom.

26 Der Ort wurde später durch den Sieg, vor allem aber die lapidare Botschaft Caesars bekannt: „Veni, vidi, vici“.

27 Die genaue Chronologie der Feldzüge ist umstritten und aufgrund der spärlichen Überlieferung nicht zu rekonstruieren.

28 So bezeichnete man „Emporkömmlinge“, deren Familie niemals zuvor das Konsulat erreicht hatte.

29 Marius dürfte dies nicht beabsichtigt haben – darauf lässt sein sonstiges unpolitisches Denken und Handeln schließen.

30 Möglicherweise handelt es sich dabei um eine Namensverwechslung; der Feldzug war wohl tatsächlich gegen Thasos und damit das goldreiche Thrakien gerichtet.

31 Diese Tiere waren den Römern damals völlig unbekannt, so dass sie nicht einmal ihren Namen wussten und sie als „lukanische Ochsen“ bezeichneten.

32 Unter der Führung Geiserichs hatte das germanische Volk Nordafrika erobert und verheerte seither mit seiner Flotte die Küsten Italiens.

33 Staatsrechtlich galt bei Vakanz eines Reichsteils der Kaiser des anderen als Gesamtherrscher.

34 Angeblich hatte er seinem Vater im Gefecht am Ticinus das Leben gerettet, doch ist diese Heldentat seit der Antike umstritten.

35 Ein weitaus erträglicheres Los traf dagegen die Haussklaven, etwa gebildete Griechen als Erzieher der adligen Jugend; die antike Sklaverei ist ein äußerst vielschichtiges Phänomen.

36 Dictator für die Gesetzgebung und Ordnung des Staates

37 Der Aufbau einer Seemacht förderte zudem sein innenpolitisches Ziel einer Ausweitung der Demokratie, denn nun wurde auch die Unterschicht der Theten als Ruderer militärisch eingesetzt und gewann dadurch an politischer Bedeutung.

Abbildungsnachweis

S. 13 Andrea Piroddi

S. 16 dynamosquito/flickr.com

S. 30, 31, 52, 53, 64, 90, 103, 106, 116, 130, 136 nach: Johannes Kromayer; Georg Veith (Hrsg.). Schlachten-Atlas zur Antiken Kriegsgeschichte I. Tafeln. Leipzig, 1922.

S. 41 GNU Free Documentation License, Attribution: Nawi112

S. 46 gemeinfrei

S. 57 Anthony Majanlahti/flickr.com

S. 73 Clemensfranz

S. 77 Jörg Schulz

S. 80 nach: Alfred von Schlieffen. Cannae. Berlin, 1913.

S. 97 Berthold Werner

S. 122 GNU Free Documentation License, Attribution: Stanley-goodspeed at the German language Wikipedia

S. 133 Matthias Kabel